Laura Goergens

Beschaffungsprostitution als Problemfeld der Sozialen Arbeit

Handlungsempfehlungen für den Umgang mit drogenabhängigen Prostituierten

AF223224

Bibliografische Information der Deutschen Nationalbibliothek:

Die Deutsche Nationalbibliothek verzeichnet diese Publikation in der Deutschen Nationalbibliografie; detaillierte bibliografische Daten sind im Internet über http://dnb.d-nb.de abrufbar.

Impressum:

Copyright © Social Plus 2020

Ein Imprint der GRIN Publishing GmbH, München

Druck und Bindung: Books on Demand GmbH, Norderstedt, Germany

Covergestaltung: GRIN Publishing GmbH

Inhaltsverzeichnis

1 Einleitung

Prostitution ist kein Thema, über das gerne öffentlich debattiert wird. Frauen, die mit Sex ihr Geld verdienen, werden oftmals als Menschen zweiter Klasse gesehen und ihre Arbeit nicht als „richtige" Arbeit definiert. Zwar ist es seit dem ersten Prostitutiertengesetz von 2001 in den meisten Fällen keine Sittenwidrigkeit mehr, sich zu prostituieren. Repressionen und Verunglimpflichungen sind die Frauen dennoch nach wie vor ausgesetzt. Wenn dann noch eine Suchterkrankung hinzukommt und sich Frauen ihretwegen prostituieren, fällt zumeist jeglicher Schutz durch das Gesetz weg. Die Frauen werden oftmals gleich zweifach kriminalisiert, da sie illegal in Sperrgebieten anschaffen gehen und Suchtmittelkonsum betreiben.

Die Soziale Arbeit, welche sich der Arbeit mit Randgruppen verschrieben hat, gerät bei diesen Frauen an ihre Grenzen und obwohl Arbeit mit Suchtmittelabhängigen und auch die Arbeit mit Prostituierten feste Plätze in ihrem Spektrum haben, tut sie sich mit dem Produkt der Paarung dieser beiden Bereiche schwer.

Dies hat mehrere Gründe, denen diese Arbeit durch einen Zugang über die beiden Teilbereiche, Prostitution und Sucht, auf den Grund gehen wird.

Beginnend mit einem Einstieg in das umfangreiche Thema der Prostitution werden über einen historischen Exkurs die Entwicklung der verschiedenen Arten von Prostitution beleuchtet, und ihre Bedeutung für die spätere Differenzierung zwischen Sexarbeiterinnen* und Prostituierten* aufgezeigt. Ein weiterer Exkurs wird, aufbauend auf der Historie, die rechtliche Handhabung des Gewerbes und der Prostituierten selbst untersuchen und zu diesem Zweck vor allem die jüngsten Gesetzesnovellen vorstellen und vergleichen.

Die Probleme und Auswirkungen, die vor allem das Prostituiertenschutzgesetz von 2017 mit sich bringt, werden im letzten Unterkapitel der Sozialen Arbeit mit Sexarbeiterinnen thematisiert und damit eine Überleitung zum zweiten, großen Kapitel der Abhängigkeit gebildet.

Da auch das Thema Abhängigkeit sehr umfangreich, und nicht jeder Teilbereich für das Thema dieser Arbeit relevant ist, fiel die Entscheidung auf eine Annäherung durch den feministischen Suchtdiskurs. Des Weiteren geht es im Bereich der Beschaffungsprostitution maßgeblich um Drogensucht, wobei es sich bei den Drogen zumeist um Opiate wie Heroin handelt. Dieser Umstand wird im Unterpunkt der Heroinepidemie der 1980er Jahre untersucht und der Umgang der Gesellschaft und vor allem der Sozialen Arbeit mit dieser Herausforderung bildet den Übergang zum letzten Hauptteil der Arbeit, dem Kapitel der Beschaffungsprostitution.

In diesem werden zuerst die bisherigen Erkenntnisse zu einer differenzierten Definition von Beschaffungsprostitution zusammengefasst und näher untersucht. Hierbei werden verschiedene Typen von Beschaffungsprostitutierten aus den 1980er Jahren vorgestellt und ihre Übertragbarkeit auf die heutige Zeit überprüft. Des Weiteren werden die bereits vorgestellten pädagogischen Ansätze auf ihre Anwendbarkeit auf die Arbeit mit Beschaffungsprostituierten untersucht und basierend auf diesem Ergebnis eine Kritik formuliert. Einen abschließenden Ausblick bildet die Vorstellung der Arbeit der Fachberatungsstelle ragazza e.V., welche sich explizit der Arbeit mit Beschaffungsprostituierten verschrieben hat.

Prostitution und insbesondere die Beschaffungsprostitution ist ein brisantes Thema, welches gesellschaftlich, politisch und moralisch heiß diskutiert wird. Diese Arbeit wird eine gewisse Parteilichkeit mit den betreffenden Frauen vorweisen, welche für gelingende Soziale Arbeit mit ihnen unabdingbar ist. Des Weiteren beschränkt sich diese Arbeit auf die Untersuchung der heterosexuellen Form von sexuellen Dienstleistungen, welche von Frauen erbracht werden. Somit wird im Folgenden auf die Verwendung von Binnen-I, Gendersternen u.Ä. verzichtet, sofern es der Kontext nicht anders verlangt. Mann-männliche Sexarbeit, sowie die Sexarbeit von Transgender-Menschen und Queers würden ihrerseits den Rahmen dieser Arbeit sprengen. Die Untergruppen der minderjährigen, schwangeren und migrierten Beschaffungsprostituierten stellen jeweils sehr komplexe Felder da, welche in dieser Arbeit nur grob und in Bezug auf die sozialarbeiterische Handlungsfähigkeit betreten werden.

1.1 Zum Forschungsstand

Weiterhin handelt es sich bei dieser Arbeit um eine Literaturarbeit, welche über Publikationen in den großen Teilbereichen der Prostitution und der Suchtforschung versucht, in das wenig beforschte Feld der Beschaffungsprostitution vorzudringen. Diese beiden Themenbereiche, welche sich mit gesellschaftlichen Tabuthemen befassen, werden in der Literatur oft teils aus wertender, teils sogar voyeuristischen Perspektive betrachtet. Diese Werke galt es konsequent zu vermeiden. Weiterhin bieten beide Bereiche ein sehr breites Spektrum an Unterthemen.

Da diese Arbeit eine Abschlussarbeit im Fach der Sozialen Arbeit ist, lag der Fokus stets auf Werken aus der sozialarbeiterischen Perspektive. Die Hansestadt Hamburg bietet für diese speziellen Themen aufgrund des gut aufgestellten Suchthilfenetztes auf der einen Seite und der durchaus präsenten, kriminalisierten Prostitutionsszene auf St. Georg ein sehr interessantes Forschungsfeld, was einen lokale

Fokus in diesem Kontext sinnvoll macht. Dieser beruht des Weiteren auf dem Umstand, dass vieles an Fachliteratur zum Thema Drogen- bzw. Beschaffungsprostitution eben genau dieses, lokale Feld beforscht hat. Hierzu sei gesagt, dass die Beschaffungsprostitution sonst eine Leerstelle in der Wissenschaft darstellt (vgl. Schrader, S.27) und die Literatur insofern sehr überschaubar ist. Kathrin Schrader, welche seit 2003 als Vorstandsfrau bei ragazza e.v., einer niedrigschwelligen Anlaufstelle für drogenkonsumierende Prostituierte in St. Georg aktiv ist, hat 2013 ihre Dissertation über die Handlungsfähigkeit ihrer Klientinnen geschrieben. Ihre Arbeit wird eine Orientierungsgrundlage für folgende Bachelorthese geben, wobei ihr Schwerpunkt der Handlungsfähigkeit auf Seiten der Klientinnen in dieser durch einen Schwerpunkt der Sozialen Arbeit weichen wird. Weiterhin werden durch von der Autorin geführte Experteninterviews mit den einschlägigen Beratungsstellen in Hamburg differenzierte Einblicke in das Feld ermöglicht.

Zum Thema der Beschaffungsprostitution existieren zwei deutschsprachige Studien aus den frühen 2000 Jahren, eine von Zumbeck (2000) und eine von Zurhold (2005), welche referentiell in dieser Arbeit verwendet werden, sowie eine Studie zur Beschaffungsprostitution in Amsterdam während der 1980er Jahre, die im Kapitel der Beschaffungsprostitution als historische Referenz genutzt wird.

Der weitere Forschungsstand ist aufgrund der „Nicht-Thematisierung" des Themas der Beschaffungsprostitution, wie im Titel bereits genannt wird, nicht sonderlich weit. Dies soll diese Arbeit aufzeigen und thematisieren.

2 Prostitution

Der folgende, erste Teilbereich dieser Arbeit befasst sich mit der ebenso skandalisierten wie verharmlosten Praxis des gewerblichen Geschlechtsverkehrs, der Prostitution an sich.

Prostitution unterlag schon immer einer eingeschränkten öffentlichen Wahrnehmung und ist nach wie vor in weiten Teilen durch ein hohes Maß an Tabuisierung und Diskriminierung gegenüber den Frauen geprägt (Albert & Wege, 2015). Die folgende Auseinandersetzung mit diesem strittigen Thema erfolgt zu Beginn durch eine grobe Begriffsdefinition und Differenzierung der verschiedenen Formen von Prostitution nach Kavemann (2009). Dieser Differenzierung soll mit Blick auf die Historie eine weitere Tiefe gegeben und die Entwicklung der verschiedener Formen aufgezeigt werden. Darauf folgt eine Überprüfung der Rechtslage und ihrer Bedeutung für die Soziale Arbeit mit Frauen in der Prostitution, sowie eine Vorstellung der verschiedenen sozialarbeiterischen Perspektiven des Themas.

Allgemein lässt sich statuieren, dass die Forschung zum Thema Prostitution noch sehr eingeschränkt ist, was an der schweren Prüfbarkeit des Feldes liegt, welches sich weiterhin in Hell- und Dunkelfeld aufteilt. Diese Unsicherheit äußert sich bereits beim Feststellen der tatsächlichen Anzahl der in der Prostitution tätigen Frauen, welche bisher um 400.000 geschätzt und immer wieder angezweifelt wird (Albert & Wege 2015). Kavemann und Steffan (2013) halten die Zahlen für überhöht und gehen in Deutschland von 64.000–200.000 Frauen aus. Prostitution von Frauen mit ungeklärten Aufenthaltsstatus, übers Internet oder das Anbieten auf dem illegalen Straßenstrich bieten kaum Anhaltspunkte über gesicherte Erkenntnisse (vgl. Albert & Wege 2015), weshalb diese Arbeit nach und nach über die Schwerpunktthemen Prostitution und Abhängigkeit zum Kernthemas der Beschaffungsprostitution vordringen wird.

2.1 Begriffsdefinition und Differenzierung

Im Sinne des Hauptthemas dieser Arbeit, der Beschaffungsprostitution, wird die Grunddefinition nach Paulus genutzt, der Prostitution als das „Anbieten des eigenen Körpers zur sexuellen Befriedigung anderer Personen gegen materielle Entlohnung" (Paulus, 2016) definiert. Da in dieser Definition anstatt Geld die „materielle Entlohnung" genannt wird, welche auch in Form von Drogen erfolgen kann, ist sie im Kontext des Hauptthemas passend.

Mit Blick auf den gesellschaftlichen Diskurs ist der Euphemismus „Sexarbeit" nicht auszuklammern, der jedoch im Kontext dieser Arbeit nicht sinnig ist. Die Implikation der legitimen Erwerbstätigkeit, sowie Freiwilligkeit, die mit der Bezeichnung „Sexarbeit" einhergeht, ist im Bereich der Beschaffungsprostitution kaum gegeben. Dennoch ist diese Bezeichnung für den Bereich der freiwilligen Prostitution durchaus legitim und wird in diesem Kontext von der Autorin befürwortet.

Gerade diese verschiedenen Bereiche der Prostitution machen die Auseinandersetzung mit diesem Thema schwer, da nicht einheitlich von „der einen" Prostitution gesprochen werden kann. Neben dem Bereich der *Freiwilligen Prostitution* bzw. Sexarbeit, in der Prostitution den gewünschten Beruf oder gar ein Abenteuer darstellt (vgl. Angelina 2018) und zumeist die preislich höher angesiedelten Segmente wie Escort und S&M Studios umfasst, sowie für die Frauen eine explizite Wahlmöglichkeit besteht, anderweitig Geld zu verdienen, existieren auch der *Graubereich* sowie der komplett *Unfreiwillige Bereich* (Kavemann 2009), für welche die Bezeichnung Sexarbeit nicht haltbar ist.

Der sogenannte *Graubereich* ist geprägt von Frauen, deren Berufswahl enorm eingeschränkt ist und welche sich aufgrund dieser Alternativlosigkeit prostituieren (vgl. ebd.). Dies kann Suchtmittelabhängige, sowie MigrantInnen betreffen, welche in der Prostitution die einzige Möglichkeit sehen, an (genug) Geld zu kommen, um entweder ihre Sucht zu finanzieren oder Geld für die Familie zu verdienen. Dies führt zur Hinnahme unzumutbarer Arbeitsbedingungen sowie gesundheitlicher Risiken (vgl. ebd.). Das Prostituiertengesetz von 2001 sieht diese Gruppe dennoch zugehörig zum Bereich der *freiwilligen Prostitution*, ein Umstand, der im Rechtskapitel weiter diskutiert werden soll.

Der dritte Bereich ist die *unfreiwillige bzw. Zwangsprostitution*. Dieser ist von Gewalt und Ausbeutung geprägt und für die Frauen existiert keinerlei Entscheidungsfreiheit. Sie sind Opfer von Menschenhandel oder der Loverboy-Methode, bei der die Frauen durch das Vorspielen einer Liebesbeziehung gefügig gemacht werden, und sind aufgrund von Täuschungen in die Prostitution geraten. Ihre Einnahmen werden von Zuhältern einbehalten, welche in vielen Fällen auch ihre Papiere besitzen und sie somit komplett von sich abhängig machen. In diesem Bereich von Sexarbeit zu sprechen wäre blasphemisch.

Diese Unterteilung in verschiedene Bereiche, abhängig von Freiwilligkeit und Arbeitsbedingungen, lassen sich in der langen Historie des „ältesten Gewerbes der

Welt" gut nachvollziehen. Dies soll im Folgenden durch selektive Einblicke in dessen Geschichte geschehen.

2.2 Prostitution – Das „älteste Gewerbe der Welt?"

Die Bezeichnung „ältestes Gewerbe" ist strittig und der Streitpunkt liegt abermals im Puncto Freiwilligkeit. Ein Gewerbe dient grundsätzlich der Gewinnmaximierung, der geschäftlichen Tätigkeit oder der einfachen Existenzsicherung, dem jedoch immer eine gewisse Freiwilligkeit zugrunde liegt (Piasecki 2018, S.79). Diese ist, und vor Allem war, im Verlauf der Geschichte nicht unbedingt gegeben, eher war das Verkaufen ihres Körpers für die Frauen lange die einzige Möglichkeit des Gelderwerbs und es war somit, wie im heutigen „Graubereich", eine gewisse Alternativlosigkeit gegeben. Prostitution konnte auch, unabhängig von ökonomischen Bezügen, religiösen oder sozialen Zwecken dienen, wie z.B. die Tempel- oder Gastprostitution. Das erste Beispiel der Tempelprostitution soll im Folgenden genauer beleuchtet werden.

2.2.1 Tempelprostitution

Die erste Form der Prostitution war die Tempelprostitution im alten Babylon. Diese fand in Tempeln statt, die der Göttin Ischtar gewidmet waren. Ischtar war die Göttin des Krieges und der Liebe und die Schutzgöttin aller Huren (vgl. Ringdal 2006, 16).

In ihnen „dienten viele Frauen, die sich gegen Zahlung eines bestimmten Betrages an den Tempel mit der heiligen Kraft ihrer Körper um die Männer kümmerten" (ebd.). Bemerkenswert ist hier, dass die Zahlungen nicht an die Frauen direkt, sondern den Tempel und somit symbolisch an Ischtar gehen. Tempel waren in Mesopotamien Lebensmittelpunkte und dienten vielerlei Zwecken. So konnten die Armen ihre Töchter, wenn sie hübsch genug waren, in den Tempel schicken, wo sie von Priestern und Priesterinnen erzogen und ausgebildet wurden.

> „Die jungen Mädchen [..] wuschen und pflegten die Gottheit. Wenn sie älter waren, mussten sie singen und tanzen und konnten an Männer verliehen werden, die im Tempel auf sie aufmerksam geworden waren. Alle Tempelfrauen, sowohl die Priesterinnen als auch die jungen Helferinnen, waren wohl davon überzeugt, dass sie durch ihre Taten der Göttin dienten. Ein Begriff wie Prostitution erscheint vor einem derartigen religiösen [..] Hintergrund doch zu einfach und zu modern" (Ringdal 2006, 28)

Die mit dem heutigen Verständnis von Prostitution übereinstimmende Tempel-prostitution fand vor dem Tempel statt, nicht in ihm. Im Babylonischen Gesetz wird die Verbindung der verschiedenen Gruppen mit dem Tempel deutlich: es gibt die Priesterinnen im Tempel, Helferinnen bzw. Tempeldienerinnen und freie Prostitu-ierte vor dem Tempel.

Jede von ihnen stand im Dienst der Göttin der Liebe, keine von ihnen lebte in der traditionellen Rolle als Hausfrau oder Tochter. Dennoch wird Letzteren in Geset-zestexten ein derartig niedriger Rang zugesprochen, dass es sogar verboten war, sie zu heiraten (vgl. ebd.).Eine viertausend Jahre alte Warnung eines Vaters an sei-nen Sohn, eingeritzt in eine Tontafel, spiegelt die gesellschaftliche Sicht auf diese Frauen wider, welche, abgesehen von der Erwähnung des Tempels, genauso aus der heutigen Zeit stammen könnte:

„Heirate keine Hure,

Denn viele Ehrenmänner hatte sie schon,

auch keine Priesterin des Tempels,

Denn geweiht hat sie sich den Göttern,

Und auch kein Tempelmädchen

Die schon so viele befriedigte,

Im Stich lassen wird sie dich in der Not,

Und im Gespräch dich verhöhnen."

So wird schon bei den ersten Prostituierten unterschieden und stigmatisiert: an höchster Stelle stehen die Priesterinnen, denen es vorbehalten war, mit der Gott-heit und Königen zu verkehren und mit ihnen die „Heilige Hochzeit" zu vollziehen, ein Ritual zum Schutz des Königs, seiner Herrschaft und seines Königreichs (Ring-dal 2015). Darauf folgten die Tempelmädchen, die mit ihrem Körper als göttliches Instrument dem Tempel und der Gottheit dienten und schlussendlich die Frauen, die den Tempel in seiner Funktion als Lebensmittelpunkt der Gesellschaft nutzten und sich vor ihm verkauften.

Diese Dreiteilung, zum einen abhängig von der Tätigkeit, zum anderen abhängig vom Ort dieser, wird sich in der Geschichte, bis hin zur Gegenwart fortsetzen.

2.2.2 Prostitution im klassischen Griechenland

Auch im klassischen Griechenland um 500 v. Chr. gab es eine klare Unterteilung der sich prostituierenden Frauen: an unterster Stelle standen die *Deiktriden*, die „ausgestellten Mädchen", welche an Straßen oder in Hauseingängen der Bordelle standen, in denen sie lebten. Sie waren fast ausschließlich Sklavinnen und lebten in erbärmlichen Verhältnissen, welche zu Geschlechts- und anderen Krankheiten führte und sie zu Opfern gesellschaftlicher Ächtung machten. Es war ihnen sogar verboten, sich am Tage in der Öffentlichkeit zu bewegen, um den „respektablen Frauen ihren Anblick zu ersparen" (vgl. ebd.).

Ihre Situation ähnelte den heutigen Armuts- und Beschaffungsprostituierten, jedoch hatten Deiktriden als Sklavinnen keinerlei Entscheidungsfreiheit über ihr Schicksal.

Deutlich besser erging es den *Auletriden*. Auletriden waren „freie Frauen mit besonderen Fertigkeiten" (ebd.), welche nackt oder in durchsichtigen Gewändern Männer mit Gesang, Tanz und anderen Kunsttücken unterhielten und auf keinem Fest fehlen durften.

Im Gegensatz zu den Deiktriden waren sie gesellschaftlich gut angesehen und konnten relativ viel Geld verdienen, was ihnen die Transition zur höchsten Form der Prostitution, dem Dasein als Hetäre, ermöglichte. Das moderne Pendant zu ihnen könnten Stripperinnen darstellen, welche auch, zumeist leicht bekleidet tanzend, einen Unterhaltungsauftrag erfüllen.

Die höchste Stufe der Prostitution im klassischen Griechenland bildeten die Begleiterinnen bzw. *Hetären*. Diese waren ehemalige, freigelassene Sklavinnen, welche in der heutigen Zeit den sogenannten Luxus-Escorts entsprechen würden. Sie genossen hohes Ansehen in der Gesellschaft und hatten, besonders für Frauen in der damaligen Zeit, sehr viele Freiheiten und waren in vielerlei Hinsicht die ersten freien Frauen der Weltgeschichte (Ringdal 2005).

Hetären empfingen ihre Kunden, die aristokratische Elite, auf ihren eigenen Anwesen und manche nahmen für ihre Feste sogar Dienste der Auletriden in Anspruch. Sie waren gebildet, gepflegt, wohlhabend und einflussreich und die einzig weiblichen Personen, die von den Männern im klassischen Griechenland als gleichwertig betrachtet wurden (vgl. ebd.).

Am Beispiel der Hetären wird sehr deutlich, dass Prostitution für Frauen durchaus als Mittel zum gesellschaftlichen und finanziellen Aufstieg genutzt werden konnte. Durch das Anbieten des eigenen Körpers und Intellekts konnten Frauen, die ehemalig Sklavinnen waren, zu Gefährtinnen der großen Politiker und Philosophen werden und so in die Geschichte eingehen. Ein Beispiel hierfür ist Aspasia, eine von Sokrates hochgeschätzte Hetäre, an welche als Philosophin und Partnerin Perikles noch heute erinnert wird.

2.2.3 Prostitution im Mittelalter

Die gesellschaftliche Sicht auf die Prostitution im kirchlich geprägten Mittelalter schien zwar theologisch eindeutig, lässt sich in der Praxis jedoch als ambivalent beschreiben: einerseits galt es als selbstverständlich, dass unverheiratete Männer ihre Männlichkeit durch sexuelle Betätigung unter Beweis stellten. Andererseits schickte es sich für die Frauen aus den gehobenen Schichten jedoch aufgrund von kirchlichen und gesellschaftlichen Moralvorstellungen nicht, vorehelichen Verkehr zu haben. Zu diesem Zweck wurden die sogenannten „Dirnen" konsultiert, welche zumeist Frauen aus den unteren Gesellschaftsschichten waren und bereits für den Preis von zwei Pfennig für Geschlechtsverkehr zu haben waren. Dirnen waren entweder frei auf der Straße oder, im Spätmittelalter, in sogenannten „Frauenhäusern" anzutreffen (vgl. Ringdal, 2015).

Das Hochmittelalter im 13./14. Jahrhundert stellte den Übergang von der mobilen Prostitution durch „fahrende Frauen" zur sesshaften Prostitution in Bordellen bzw. Frauenhäusern dar. Diese Häuser wurden oftmals von der Stadt betrieben und waren beliebte Zentren sexueller und geselliger Vergnügungen. Vor Allem aber dienten sie der Zentralisierung des „wilden" Prostitutionsgewerbes, was aus kirchlicher Sicht zwar als sündig, aber auch als nötig für den Erhalt einer moralischen Gesellschaft galt.. So hieß es von Seiten des mächtigen Dominikanerordens Ende des 15. Jahrhunderts, dass die „Huren zur sittlichen Ordnung beitrügen, da sie bereits gefallen seien" und ehrbare Frauen so vor sexuellen Übergriffen von Seiten den männlichen Bevölkerung schützten (Schrader 2013).

Es war keine Seltenheit, dass Frauen, die sich allein am Abend auf der Straße aufhielten und demzufolge Prostituierte sein mussten, Opfer von Gruppenvergewaltigungen wurden. Diese Handlungen wurden durch den einmaligen Ruf „Hure" legitimiert und die Gesellschaft störte sich kaum daran (vgl. Ringdal, 2015). Andererseits waren Prostituierte gern gesehene Gäste auf Volksfesten. So nahmen sie beispielsweise an Hochzeiten und anderen Festen teil, wo sie Tänze vor dem Rat oder anderen hochstehenden Gästen aufführten.

Die bereits erwähnten Frauenhäuser unterlagen strenger Reglementierung, der Frauenhausordnung, welche für die Betreiber wie für die dort lebenden und arbeitenden Frauen verbindlich war und ab dem 15. Jahrhundert in Kraft trat. Sie besagte, dass die Insassinnen des Frauenhauses gut gekleidet, gepflegt und gesund sein mussten. Ihre Einnahmen mussten die Frauen in Kleidung, Nahrung und Unterkunft investieren und außerdem Abgaben an die Stadt leisten. Es galten harte Arbeitsbedingungen und die Frauen erlebten große Einschränkungen ihrer Freiheit indem es ihnen oftmals sogar verboten wurde, das Frauenhaus zu verlassen (vgl. Ringdal, 2015). Dennoch garantierte die Frauenhausordnung den Frauen der städtischen Einrichtungen auch gewisse rechtliche Sicherheiten, wie z. B. das Recht auf Entlohnung, Eigentum und Schutz bei Krankheit und stellte somit die erste Form von Rechtsgrundlage für die Prostituierten da, ein Umstand, der im Rechtskapitel näher beleuchtet werden wird.

2.2.4 Prostitution im deutschen Kaiserreich

Mit der Gründung des Deutschen Kaiserreiches 1871 wurde die Kontrolle der Prostitution erweitert und verschärft und bald unterlag die Arbeit, Gesundheit und Lebensführung der sich prostituierenden Frauen in allen Städten sittenpolizeilicher Kontrolle. Abermals wurde damals versucht, die Prostitution zu zentralisieren und auf Kontrollstraßen zu beschränken, diesmal unter der Bezeichnung „Kasernierung" (Schmitter, 2013) .

Diese Kasernierung, also die Arbeit in den bestimmten Kontrollstraßen, versprach Arbeit ohne Frauenwirte oder Zuhälter und damit einhergehend die freie Verfügbarkeit über den Arbeitslohn, was für viele Frauen ein lukratives Angebot darstellte (vgl. ebd.). Gleichzeitig fielen jedoch sehr hohe Mieten für die Arbeits- und Wohnräume in diesen Kontrollstraßen an, was die Frauen verpflichtete, täglich eine möglichst hohe Anzahl von Freiern zu empfangen. Des Weiteren war die vermeintliche Selbständigkeit der Prostituierten aufgrund der strengen polizeilichen Vorschriften und Kontrolle real kaum vorhanden. Weiterhin hatten sie, durch die Sittenwidrigkeit ihrer Tätigkeit, welche gegen Ende des Mittelalter zu Zeiten der Reformation durch Martin Luther ausgerufen wurde, keinerlei Rechte und konnten nicht einmal ihren Lohn einklagen und führten so ein Arbeitsleben im rechtsfreien Raum (vgl. ebd.). Dies beinhaltete weiterhin, keinerlei Anspruch auf Versicherung gegen Arbeitslosigkeit oder Krankheit zu haben, da Prostitution nicht als Gewerbe anerkannt wurde, was die Situation der Prostituierten im deutschen Kaiserreich marginalisierte.

2.2.5 Zusammenfassung

Das Leben der Frauen in der Prostitution war zusammenfassend betrachtet vom ersten Auftreten an durch gesellschaftliche Stigmatisierung und Ausgrenzung geprägt. Trotzdem stellte Prostitution lange Zeit die einzige Option des Gelderwerbes für Frauen dar, besonders wenn sie von Armut betroffen waren, und manche hatten das Glück, durch den Verkauf ihres Körpers gesellschaftliche Macht zu erhalten was allerdings nur eine kleine Gruppe betraf.

Auch die verschiedenen Formen von Prostitution waren in der Historie schon frühzeitig ausgeprägt und haben sich innerhalb der Jahrtausende langen Geschichte nur minimal verändert. Prostitution ist ein globales Phänomen, wobei die vorangegangenen Ausführungen nur einen ausgewählten und westlich-zentrierten Bruchteil dessen widergeben, was in der langen Geschichte der Prostitution geschehen ist.

Im Folgenden wird nun die Entwicklung der rechtlichen Rahmenbedingungen in Deutschland beleuchtet, da sich diese Forschungsarbeit sich mit der Beschaffungsprostitution in der Bundesrepublik befasst und weitere Ausführungen den Rahmen sprengen würden.

2.3 Rechtliche Rahmenbedingungen von Prostitution in Deutschland

Den ersten Versuch, die Rechte der Prostituierten selber zu formulieren, stellte die bereits erwähnten Regelungen der Frauenhäuser im Mittelalter dar Dieser Fortschritt wurde durch das Aussprechen der Sittenwidrigkeit von Prostitution in der Reformationszeit zunichte gemacht.

Es dauerte noch vier Jahrhunderte bis die Prostituierten begannen, sich in 60er und 70er Jahren des 20. Jahrhunderts zu organisieren und für ihre Rechte stark zu machen. Mit „Hydra" entstand 1980 die erste autonome Hurenorganisation Deutschlands, welche alsbald begann, rechtliche Forderungen zu formulieren. Die Hauptforderungen enthielten an erster Stelle die Entkriminalisierung des Gewerbes und damit einhergehend einen bindenden Rechtsschutz (vgl. HYDRA). Zwar war Prostitution seit 1927 nicht mehr strafbar, jedoch galt sie bis zum ProstG weiterhin als sittenwidrig und gemeinschaftsschädigend. Weiterhin verlangten die Frauen endlich die Sicherheit, dass Gewaltverbrecher und Vergewaltiger unter ihren Freiern strafrechtlich verfolgt werden und (vgl. HYDRA). Aus heutiger Perspektive sind dies legitime, selbstverständliche Forderungen, doch wie der Blick auf die Geschichte zeigte, war es keineswegs selbstverständlich, für die sich prostituierenden Frauen überhaupt eine geschützte Rechtsposition zu haben. So dauerte es mehr als 20 Jahre, bis die Forderungen Hydras akzeptiert und in einem Gesetz umgesetzt wurden.

2.3.1 Das erste Prostituiertengesetz 2001

Am 1. Januar des Jahres 2002 trat das „Gesetz zur Regelung der Rechtsverhältnisse der Prostituierten" abgekürzt ProstG, in Kraft und schaffte die wichtigsten rechtlichen Rahmenbedingungen im Bezug auf Prostitution. Es gilt als eines der liberalsten Prostitutionsgesetze in Europa, insbesondere da der Gesetzgeber damit die Prostitution weder „grundsätzlich befürworten noch bekämpfen" wollte (vgl. Angelina, 2018). Das erklärte Ziel des Gesetzes war es, Rahmenbedingungen für eine Verbesserung der Situation in der freiwilligen Sexarbeit zu schaffen, welche somit rechtlich als selbstbestimmte Entscheidung respektiert wurde (vgl. BMFSFJ 2007). Weiterhin sollen die Kriminalität im Milieu bekämpft, bessere Arbeitsbedingungen geschaffen und der Ausstieg aus der Prostitution erleichtert werden (vgl. ebd.). Explizit sind folgende Inhalte enthalten:

- §1: Ein Vertrag zwischen Sexarbeiterin und Kunde gilt als rechtmäßig (teilw. Aufhebung Sittenwidrigkeit, siehe Kritik)

- Es gibt die Möglichkeit abhängiger, sozialversicherungspflichtiger Beschäftigungsverhältnisse sowie freiberuflicher Tätigkeit der Sexarbeiterinnen

- Das Betreiben eines Bordells und die Schaffung einer angenehmen Arbeitsatmosphäre werden nicht mehr strafrechtlich verfolgt

- Prostitution unterliegt dem grundrechtlichen Schutz der freien Berufswahl

2.3.2 Kritik am „ProstG"

Zwar war die Schaffung eines einheitlichen Gesetzes ein erster, wichtiger Schritt in die richtige Richtung. Allerdings sind weitere Gesetze, welche die Belange der Prostitution direkt betreffen, nicht mit dem Prostitutionsgesetz geändert worden und nach wie vor „Ländersache" (vgl. Angelina 2018). Dies betrifft beispielsweise die Sperrgebietsverordnungen, welche noch immer bestehen und insbesondere die Straßen- und Beschaffungsprostitution bestimmen, ein Umstand, der im Kapitel der Beschaffungsprostitution relevant werden wird. Weiterhin enthalten auch Polizeigesetze einiger Bundesländer Eingriffsbefugnisse, die sich spezifisch auf die Prostitution beziehen und so die Stigmatisierung von Seiten der Staatsgewalt aufrecht halten (vgl. ebd.)

Ein weiterer Kritikpunkt ist der Fokus auf die Sexarbeiterinnen selbst: straf- und ordnungsrechtlich wird vorrangig auf sie und ihr Umfeld eingewirkt, während ihre Kundschaft rechtlich kaum belangt wird. Diese Kritik wurde im folgenden Gesetz aufgenommen, wie später noch ersichtlich wird. Allgemein wird, trotz erster Bemühungen von Seiten der Gesetzgeber, vieles weiterhin milieuintern reguliert und auch die Bereitschaft, vom nun bestehenden Rechtsschutz Gebrauch zu machen, ist aufgrund der weiterhin bestehenden gesellschaftlichen Stigmatisierung der Frauen in der Prostitution nach wie vor gering (vgl. Angelina 2018).

2.3.3 Prostituierten-Schutz-Gesetz 2017

Als Reaktion auf die große Kritik am ersten ProstG wurde 2016 das „Gesetz zur Regulierung des Prostitutionsgewerbes sowie zum Schutz von in der Prostitution tätigen Personen" oder kurz Prostituierten-Schutz-Gesetz (ProSchG) beschlossen, welches am 1. Juli 2017 in Kraft trat. Wie der Name beschreibt, sollte dieses Gesetz endlich Mindestvorgaben zum Schutz von Sicherheit und Gesundheit der Frauen in der Prostitution bringen und hatte überdies zum Ziel, die sexuelle Selbstbestimmung von Prostituierten zu stärken (vgl. Angelina 2018). Weiterhin sollten mit ihm Grundlagen für vertragliche Arbeitsbedingungen geschaffen werden und Menschenhandel und andere kriminelle Strukturen im Gewerbe durch vermehrte staatliche Kontrolle unterbunden werden (vgl. ebd.). Dies betrifft vor allem Bordellbetreiber. Aber auch die Gruppe der Freier wird kann nach dem Gesetz belangt werden, womit der Kritik begegnet wurde, dass nur das Verhalten der Frauen in der Prostitution reguliert würde. Folglich ergeben sich für drei Gruppen gravierende Veränderungen; die Prostituierten, die Betreibern und die Freier (vgl. ebd.). Diese Veränderungen sollen nun gruppenspezifisch vorgestellt werden.

2.3.3.1 Veränderungen für Prostituierte

Jede Person, die sich prostituiert, ist durch das Gesetz verpflichtet, sich als Prostituierte/r registrieren zu lassen. Bei dieser Registrierung ist neben den üblichen Angaben des Vor- und Nachnamens, des Geburtsdatum und Geburtsortes, der Staatsangehörigkeit und einer gültige Meldeanschrift auch anzugeben, an welchen Orten geplant ist, der Prostitution nachzugehen und es besteht die Pflicht, an einem Informations- und Beratungsgespräch teilzunehmen (vgl. BMFSFJ 2017). Zusätzlich gibt es eine verbindliche Gesundheitsberatung, welche bei Personen über 21 Jahren alle zwölf bzw. bei Personen, die jünger als 21 Jahre alt sind, alle sechs Monate fällig ist und deren Einhaltung durch einen Stempel in der Anmeldebescheinigung überprüft wird. Nach der Registrierung erhält die Person die

Anmeldebescheinigung (im Milieu auch gerne „Hurenpass" genannt), welche abhängig vom Alter entweder zwei Jahre oder ein Jahr gültig ist und wie ein Personalausweis permanent bei sich zu tragen ist (vgl. BMFSFJ 2017).

2.3.3.2 Veränderungen für Betreiber

Auch für BetreiberInnen von Bordellen hat sich durch das neue Gesetz einiges geändert: sie benötigen in Zukunft eine behördliche Erlaubnis, um ein Prostitutionsgewerbe eröffnen und betreiben zu dürfen (vgl. BMFSFJ 2017). Um diese zu erhalten, müssen sie ein Betriebskonzept, sowie ein Führungszeugnis vorlegen. Geht aus dem Führungszeugnis hervor, dass die betreffende Person innerhalb der letzten fünf Jahre aufgrund einer schwerwiegenden Straftat verurteilt wurde, hat sie „keine Zuverlässigkeit" und erhält keine Erlaubnis (vgl. Angelina 2018).

Auch an die vom Gewerbe genutzt Anlagen werden jetzt Mindestanforderungen gestellt: die Räume, die zur Prostitution genutzt werden, dürfen nicht mehr einsehbar und auch die Arbeits- und Schlafräume der Prostituierten müssen klar getrennt sein (vgl. BMFSFJ 2017). Weiterhin müssen Betreiber sicher gehen, dass in ihren Betrieben weder Minderjährige noch Personen ohne Anmeldebescheinigungen tätig sind, oder die Personen gar Opfern von Menschenhandel sind (vgl. ebd.).

Auch das Weisungsrecht in Bezug auf das Anbieten bestimmter sexueller Dienstleistungen wurde weiter beschränkt und Betreiber dürfen keinerlei Vorgaben zur Ausgestaltung der sexuellen Handlungen machen (vgl. Angelina 2018). Weiterhin dürfen sie sich nicht an der Vermietung der Räumlichkeiten bereichern, bzw. die Preise dürfen nicht im Missverhältnis zu Normpreisen stehen.

Zudem ist es auch verboten, speziell für Sex ohne Kondom oder insbesondere mit Schwangeren zu werben (vgl. ebd.).

2.3.3.3 Veränderungen für Freier

Mit dem ProSchG werden schließlich auch die Freier belangt, welche lange unbehelligt agieren konnten. Vor Allem betrifft sie die eingeführte Kondompflicht, welche bei Zuwiderhandlung eine Strafe von bis zu 50.000 Euro mit sich bringt und nur für den Freier gilt, die Prostituierte wird in diesem Fall nicht belangt (vgl. BMFSFJ 2017).

Weiterhin macht sich seit dem 15.10.2016 nach § 232a StGB jeder strafbar, der „wissentlich kommerzielle sexuelle Handlungen einer Zwangsprostituierten in Anspruch nimmt und somit ihre Situation ausnutzt" (Angelina, 2018). Dafür reicht bereits ein bedingter Vorsatz aus, der Täter muss also damit gerechnet bzw. es bewusst in Kauf genommen haben, dass es sich um einen Zwangskontext handelt. Dies ist regelmäßig der Fall, wenn der/die Prostituierte Verletzungen aufweist, eingeschüchtert wirkt oder der Täter gar mit einem Zuhälter über die Bezahlung verhandelt hat. Es kann in solchen Fällen jedoch von einer Strafe abgesehen werden, wenn der Freier den Verdacht freiwillig meldet und zur Anzeige bringt (vgl. ebd.).

2.3.4 Kritik am ProstSchG

Der Hauptkritikpunkt im ProstSchG stellt für viele die Anmeldepflicht, bzw. der „Hurenpass" dar. Durch die darin enthaltenen Daten, insbesondere Anschrift und Klarnamen, befürchten die Beratungsstelle Hydra und der Deutsche Juristinnenbund eine weitere Stigmatisierung und Diskriminierung von Prostituierten (vgl. Angelina 2018). Der Verein Dona Carmen, welcher sich für die sozialen und politischen Rechte von Prostituierten einsetzt, hat im Juni 2018, somit ein Jahr nach in Kraft treten des ProstSchG, einen Evaluierungversuch zur Umsetzung des Gesetzes unternommen. Dieser wird im Folgenden als Hauptquelle dienen, da die offizielle Evaluierung von Seiten der Politik erst im Jahr 2025 abgeschlossen werden wird (vgl. Dona Carmen 2018).

Der Verein Dona Carmen kamen in dieser Untersuchung zu drei Hauptergebnissen;

1. Die Umsetzung des Prostituiertenschutzgesetzes hat ein allgemeines Klima der Rechtsunsicherheit geschaffen und verschärft die bestehende Diskriminierung von Sexarbeit.

2. Durch die Umsetzung des Prostituiertenschutzgesetzes kam es nachweislich zu einer Verringerung des Angebots sexueller Dienstleistungen und weiterhin zu einer Illegalisierung von Sexarbeit.

3. Die Umsetzung des Prostituiertenschutzgesetzes führte zu einer Welle von Schließungen im Prostitutionsgewerben und hat somit nachteilige Folgen für Sexarbeiter/innen.

Aufgrund dieser Ergebnisse vertritt der Verein, wie viele Beratungsstellen und SexarbeiterInnen auch, eine ablehnende Position gegenüber des ProstSchG. „Dieses Gesetz muss weg, es muss durch eine vernünftige und sinnvolle Regulierung des Prostitutionsgewerbes ersetzt werden" so das wörtliche Fazit von Dona Carmen.

Ein weiterer Kritikpunkt ist die zunehmende Verschiebung des Diskurses über das Gesetz von Bundes- auf die Landesebene. Die Kernaussage der Kritik ist: „Die

Debatte um das Gesetz selbst wird in diesem Kontext häufig entpolitisiert und umsetzungsborniert geführt." (ebd.).

2.3.5 Zusammenfassung

Festgestellt kann werden, dass sich die rechtliche Situation seit Beginn der Prostitution zwar nach und nach verbessert hat, jedoch der Weg zu einem Gesetz, das alle Seiten einigermaßen zufrieden stellt, noch sehr lang ist. Es ist eine gesamtgesellschaftliche Herausforderung, das Thema Sexarbeit zu entstigmatisieren. Nur so wird es möglich sein, einen Rechtsdiskurs zu führen, an dem die Betroffenen selbst gestaltend teilnehmen können. Kathrin Schrader, Vorstandfrau bei ragazza e.V., formuliert hierzu wie folgt:

> „Eine Gesellschaft, die sich im Sinne der Opfer von Ausbeutung und Misshandlungen
> einmischen will, muss diese Menschen in jeder Situation als Subjekte ernst nehmen
> und stärken. Es ist der rechtlose Status illegalisierter Sexarbeiterinnen und nicht die
> Sexarbeit, die das Verbrechen befördern." (Schrader, 2015)

Dies stellt auch eine Herausforderung und Aufgaben für die Sozialen Arbeit dar. Im nächsten Kapitel soll deshalb der Umgang der Sozialen Arbeit mit dem Thema Prostitution und den Frauen an sich beleuchtet werden.

2.4 Sozialarbeiterische Perspektiven im Umgang mit Prostitution

Zwischen der Sozialen Arbeit und dem Prostitutionsgewerbe besteht eine lange historische Verbindung und es gibt kaum eine andere Disziplin, die sich näher und aktiver im Feld der weiblichen Prostitution bewegt, als die Soziale Arbeit. Fokus dieser sozialarbeiterischen Bemühungen waren und sind immer die Frauen und der Einsatz für ihre Rechte (vgl. Albert 2015),), weshalb von einer grundsätzlich parteilichen und solidarischen Arbeitshaltung gesprochen werden kann. Dennoch unterschieden sich die Perspektiven im Blick auf die Prostitution sehr, weshalb im Folgenden ein Überblick über die drei Hauptanschauungen gegeben werden soll.

2.4.1 Traditionell-feministische Perspektive

Die traditionell-feministische Perspektive ist stark durch den Abolitionismus bestimmt. Dieser wurde im 19. Jahrhundert durch Josephin Butler geprägt, welche als Feministin das erklärte Ziel verfolgte, die Prostitution abzuschaffen. In der modernen traditionell-feministische Perspektive wird Prostitution als unwürdige Realität anerkannt und dementsprechend kritisch bis ablehnend behandelt (vgl. Angelina, 2018).

Dies äußert sich unteranderem in der Ablehnung des Sexarbeitsbegriffes.

Dieser Anschauung nach ist Prostitution eine Folge des Patriarchats und des Kapitalismus und kann keineswegs ein frei gewählter Beruf wie jeder andere sein (vgl. ebd.). Auch die Geschlechterdynamik innerhalb des Gewerbes, in dem Freier vorwiegend männlich und die Prostituierten vorwiegend weiblich sind, sei nicht mit dem feministischen Ziel der Geschlechtergleichstellung vereinbar und fördere weiterhin den Erhalt geschlechterspezifischer Stereotypen, sowie die Anschauung, dass Männer eine Art Anrecht auf sexuelle Befriedigung hätten und Frauen lediglich diesem Zweck zu dienen hätten (vgl. ebd.). Genauso wird der Zugriff auf den weiblichen Körper im Austausch gegen Geld von Seiten der ökonomisch mächtigeren Männer von Vertretern der traditionell-feministischen Perspektive als Form der Ausbeutung und Unterdrückung der Frauen verstanden.

Demnach würden die Frauen aufgrund ihrer ökonomisch-sozialen Benachteiligung in die Prostitution gedrängt und zu einer Ware gemacht, die vom Mann zur Befriedigung seiner Bedürfnisse genutzt würde. Dieser Auslegung folgend steht Prostitution im direkten Gegensatz zur Emanzipation (vgl. ebd.). Auch die traditionell-feministische Perspektive kann radikal oder aber liberaler ausfallen: VertreterInnen der radikalen Sichtweise sind der Ansicht, „Prostitution müsse als Gewalt gegen Frauen im Sinne einer Vergewaltigung gewertet werden, da mit der Bezahlung die Zustimmung erkauft und erzwungen werde" (Angelina 2018, 116), während liberalere Positionen die Frauen zwar „als Opfer, aber dennoch bewusste Akteurinnen" (ebd.) verstehen.

In der Politik ist diese Ansicht in Form des schwedischen Modelles vertreten, in dem durch Verfolgung der Sexkäufer die Nachfrage reduziert werden soll und die sich prostituierenden Personen generell als Opfer betrachtet werden (vgl. ebd.)

In der Sozialen Arbeit hat eine von der traditionell-feministische Perspektive geprägte Arbeit meist eine problembezogene Ansicht und langfristig einen Ausstieg aus dem Milieu zum Ziel, da die Prostitution als „schädliche Tätigkeit" beurteilt wird. Daraus ergibt sich eine zweckgebundene Sozialarbeit, welche den Frauen trotzdem ein hohes Maß an Toleranz und Wertschätzung entgegenbringt (vgl. Angelina 2018).

2.4.2 Neo-feministische Perspektive

Die neo-feministische Perspektive lässt grundsätzlich als befürwortend für die Möglichkeit zur Entscheidung zur Prostitution beschreiben und stellt damit den

Gegenpol zur traditionell-feministischen Perspektive dar. Sie ist geprägt durch die Entstehung der ersten Prostituiertenprojekte der 1980er Jahre, welche den Begriff ‚Sexarbeit' einführten und für eine Entkriminalisierung sowie Entstigmatisierung des Gewerbes eintraten (vgl. Angelina 2018). Weiter forderten sie eine gesellschaftliche Normalisierung des Prostitutionsthemas und bessere rechtliche Arbeits- und Lebensbedingungen für Prostituierte, sowie eine rechtliche Gleichstellung mit anderen Erwerbstätigkeiten (siehe dazu Kapitel 2.3). Diese Forderungen erhoben sie auf Grundlage der Gleichstellung der Geschlechter, was in diesem Fall den feministischen Aspekt ausmacht, wobei auch das Patriachat in der neo-feministische Perspektive eine Rolle spielt. Jedoch wird Prostitution hier eher als Möglichkeit des Gelderwerbes in der patriarchal-kapitalistischen Gesellschaft gesehen und die Frauen dementsprechend aus der Opfer- in die Nutzerrolle dieses Systems gehoben (vgl. Angelina 2018, 119).

Prostitution ist dieser Ansicht nach also eine „freiwillig erbrachte sexuelle Dienstleistung, die einen einvernehmlichen Vertrag zwischen erwachsenen Geschäftspartner/-innen voraussetzt" (BMFSFJ, 2005). Dieser Logik folgend gibt es in der neo-feministische Perspektive keine Zwangsprostitution, denn „ohne [..] Einvernehmen handelt es sich nicht um Prostitution, sondern um erzwungene Sexualität und damit um sexualisierte Gewalt" (ebd.).

In der neo-feministische Perspektive stehen sich Prostitution und Emanzipation nicht im Weg, viel mehr wird die Prostitution als „Form der sexuellen Selbstbestimmung der Frauen verstanden [..], als natürliches sexuelles Verlangen oder Ausdruck sexuellen Andersseins" (Angelina 2018,119). Auch die spätmittelalterliche Betrachtung der Prostitution als das kleinere, nötige Übel (siehe Kapitel 2.2.3) wird im neo-feministischen Spektrum in Form der Betrachtung von Prostitution als wichtige gesellschaftliche Funktion vertreten.

Die Begründung hat sich dabei nicht groß verändert: „männliche Sexualtriebe (werden) in der Prostitution befriedigt und dadurch schädigendes Verhalten vermieden" (ebd.), weshalb eine Freierverfolgung wie im Schwedischen Modell von Vertretern der neo-feministische Perspektive abgelehnt wird (vgl. Angelina, 2018).

Kritiker dieser Perspektive bemängeln das komplette Ausblenden der negativen Auswirkungen und das Verharmlosen der Schattenseiten der Prostitution, sowie die Kommerzialisierung der Sexualität. Weiterhin wird der Aspekt der strukturellen Gewalt abgetan und auch der Aspekt der vermeintlichen Freiwilligkeit wird stark kritisiert, da die Praxis zeigt, wie schwer die Differenzierung zwischen frei-willig erbrachter und erzwungener Prostitution fällt (vgl. BMFSFJ, 2007).

Eine neo-feministisch geprägte Soziale Arbeit ist eindeutig solidarisch und unter-stützend im Umgang mit sich prostituierenden Frauen und zielt darauf ab, sie in ihren Rechten zu stärken und leistet in Form von Empowerment und Ressour-cenorientierung Hilfe zur Selbsthilfe. Weiterhin agiert die Soziale Arbeit als Für-sprecher gegenüber der Gesellschaft und folgt dem Leitgedanken der „aktive(n) So-lidarität mit Sexarbeiterinnen und (dem) Einsatz für eine Stärkung ihrer Rechte in der Öffentlichkeit (Albert 2015, 21).

2.4.3 Liberal-feministische Perspektive

Die dritte Hauptansicht ist die liberal-feministische Perspektive, welche sich zwi-schen der traditionell- und neo-feministischen Perspektive platziert und etwa dem aktuellen Diskurs der Politik in Deutschland entspricht (vgl. Angelina, 2018).

Maßgeblich sind hier die Selbstbestimmung und Eigenverantwortung der betroffe-nen Frauen. „Frei über das ob, wann und wie einer sexuellen Begegnung" zu ent-scheiden macht in dieser Perspektive die sexuelle Selbstbestimmung und Freiwil-ligkeit aus (vgl. BMFSFJ 2007). In der Liberal-feministische Perspektive wird klar zwischen Zwangsprostitution und Menschenhandel als Gewalt und freiwilliger Prostitution, der Sexarbeit als Erwerbstätigkeit unterschieden. Das mit der Sexar-beit einhergehende Risiko für psychische und physische Folgeerscheinungen wird trotz dieser Zuschreibung nicht ausgeblendet, sondern vielmehr betont (vgl. ebd.).

Soziale Arbeit, welche sich der liberal-feministische Perspektive verschrieben hat, verfügt somit über eine ambivalente Haltung der Prostitution gegenüber: sie wird respektiert, ihre Folgen jedoch kritisch beleuchtet (vgl. Angelina 2018). Eine Be-wertung als „Beruf wie jeder andere", wie sie in der neo-feministische Perspektive vertreten wird, kann somit nicht gänzlich unterstützt werden und die Adressatin-nen der liberal-feministischen Perspektive sind eher die Frauen, die hilfsbedürftig ist, als solche, die freiwillig in der Prostitution tätig sind. Somit sind auch die Hilfs-angebote weder rein ausstiegsorientiert noch rein befürwortend und individuell auf den Hilfsbedarf der jeweiligen Betroffenen angepasst (vgl. ebd.).Nach dieser Übersicht über die verschiedenen Perspektiven der Sozialen Arbeit auf Prostitu-tion folgt nun eine Untersuchung der Praxis in diesem Bereich.

2.5 Untersuchung der sozialarbeiterischen Praxis

Die gesellschaftliche Marginalisierung, welche das Feld der Prostitution täglich prägt, spiegelt sich deutlich im Bereich der öffentlich wahrnehmbaren Sozialen Arbeit wieder. Durch die enge Verbundenheit beider Bereiche stehen sie im permanenten Austausch und es wäre anzunehmen, dass durch die stetige Weiterentwicklung der Sozialen Arbeit in puncto Wissenschaftlichkeit und methodischer Fundierung innerhalb der letzten Jahre auch der Bereich der Prostitution profitiert hätte (vgl. Albert, 2015). Zwar fließen diese Entwicklungen auch nach und nach in diesen ein, was für die Betroffenen in der Praxis sicherlich von Vorteil ist. Dennoch ist im öffentlichen und fachlichen Kurs kaum etwas davon zu erkennen und der Bereich der Sozialen Arbeit mit Prostitution bleibt, trotz des hohen Niveaus an Forschungsbeiträgen und bewiesener Fachlichkeit, ein „eng begrenztes Arbeitsfeld, (was) weder in der Öffentlichkeit, noch in der Sozialarbeiterausbildung den hierfür notwendigen Stellenwert erhält" (Albert 2015). Hinsichtlich der vielen Herausforderungen, die die Klientel und die Rahmenbedingungen mit sich bringen, ist diese Randposition zwar erklärbar. Da es sich jedoch um die Soziale Arbeit handelt, welche sich gerade der Arbeit mit Randgruppen verschrieben hat, ist dieses Desinteresse nach Meinung der Autorin nicht vertretbar. Im folgenden Absatz soll deshalb die Geschichte der Beratungslandschaft in Deutschland nachgezeichnet werden.

2.5.1 Die historische Entwicklung der Beratungslandschaft

Die Beratungslandschaft im Bereich der Prostitution hat sich seit ihrem Beginn als Selbsthilfe innerhalb der Frauenbewegung während der 1970er Jahre weiter entwickelt und vollzog diese Entwicklung, wie oben genannt, fast parallel zur Akademisierung der Sozialen Arbeit (vgl. Albert 2015).

Während der 1980er wurden die ersten, autonomen und finanziell komplett unabhängigen Beratungsstellen mit dem feministischen Ziel der Schaffung von Freiräumen speziell für Frauen innerhalb der männerdominierten Gesellschaft gegründet. Die Solidarität, besonders mit der Randgruppenposition der betroffenen Frauen, war maßgebend für die damalige Arbeit und sie war somit stark neo-feministisch geprägt (vgl. ebd.).

In den 1990er Jahren wuchs der Soziale Bereich, es gab mehr Personal und aus den autonomen Beratungsstellen wurden Fachberatungsstellen, die nun hauptsächlich durch öffentliche Gelder finanziert wurden. Dieser Umstand der Finanzierung hatte zur Folge, dass die meisten Großstädte, welche seit jeher die Prostitution beherbergten, nach kurzer Zeit eine zentral-öffentliche Beratungsstelle vorzuweisen hatten, welche sich wiederum landesweit untereinander vernetzten.

Diese solidarische Vernetzung ermöglichte, in Zusammenarbeit mit der in den 1980er Jahren entstandenen Hurenbewegung, das Entstehen der ersten Fachtagungen, an denen SexarbeiterInnen, sowie SozialarbeiterInnen gemeinsam teilnahmen. Aus diesen Tagungen entstanden Projekte und eine allgemeine Zusammenarbeit, bzw. die aktive Inklusion der KlientInnen in die Arbeit der Beratungsstellen. Diese Bemühungen verfolgten das Hauptziel einer gewissen Lobbyarbeit für die Rechte der Frauen, welches mit der Schaffung von einer (vermeintlich) Klientel-zugewandten Rechtsprechung im ersten Prostituiertengesetz von 2002 erreicht zu sein schien. Da dieses Gesetz aber nicht die Erwartungen erfüllte, wie bereits im Rechtskapitel ausführlicher beschrieben wurde, stellt der feministische Kampf für die Recht der Frauen in der Prostitution, der alle Ansätze und Perspektiven verbindet, auch heute noch einen großen Aufgabenbereich der Arbeit dar.

2.5.2 Vorstellung Café Sperrgebiet St. Georg

Mit der Jahrtausendwende kamen einige neue Herausforderungen, von denen besonders die EU-Osterweiterungen den Bereich der Prostitution nachhaltig bestimmten. Im Folgenden soll eine kurze Vorstellung der Beratungsstelle Café Sperrgebiet in St. Georg in Hamburg erfolgen, welche Ende der 1980er Jahre eröffnete und sich ursprünglich der Arbeit mit jungen Frauen in der Beschaffungsprostitution verschrieben hatte, inzwischen jedoch maßgeblich auf die Arbeit mit Frauen aus Osteuropa konzentriert ist. Anhand eines Interviews, was für eine Forschungsarbeit im Studium verwendet wurde, konnte die Autorin einen sehr guten Einblick in die Arbeit und die Beratungsstelle bekommen.

Die Veränderung der Zielgruppe des Sperrgebiets steht hier beispielhaft für eine allgemeine Entwicklung innerhalb des Prostitutionsbereichs, in dem inzwischen mehrheitlich Migrantinnen tätig sind, welche die ursprünglich größte Problemgruppe der Beschaffungsprostituierten abgelöst haben (vgl. Albert 2015). Die damit einhergehenden neuen methodischen und professionelle Herausforderungen bestehen so vor allem im sprachlichen Bereich, denen das inzwischen mehrsprachig aufgestellte Team gut begegnen kann (vgl. Interview Zeile 210-212). Eine weitere Herausforderung besteht in der Kontaktaufnahme zu den Frauen, welche oft nur durch gezielte, aufsuchende Arbeit auf der Straße möglich ist (vgl. Interview, Zeile 199). Weiterhin handelt es sich bei den Frauen, die zu 80% aus Osteuropa stammen (vgl. Interview, Zeile 17) meist um Armutsprostituierte, die Geld für ihre Familie im Ursprungsland verdienen (vgl. Interview, Zeile 132-150).

Manchmal haben sie auch Zuhälter, jedoch ist dieser meist kein „klassischer" Zuhälter, sondern „dann doch der Partner oder der Freund [...] oder auch irgendwie so ein Cousin" (Interview, Zeile 70-72). Die Hauptangebote vom Sperrgebiet umfassen drei Hauptfelder: Beratung, Straßensozialarbeit und Begleitung. Viermal die Woche gibt es offene Beratungssprechzeiten ohne Termin, während die Straßensozialarbeit zwei bis drei Mal die Woche stattfindet (vgl. Interview Zeile 19-22). Den weiteren großen Aufgabenbereich stellt die Begleitung dar:

> „Zu Behörden, ihnen Zugang zu medizinischer Versorgung zu beschaffen, Hilfsangebote rauszusuchen, wo man sich ohne Krankenversicherung untersuchen lassen kann. Es (ist) wichtig, dass wir die Frauen dahin dann auch begleiten, weil sie den Weg meistens allein nicht schaffen. Vor Allem weil sie [..] räumlich in Hamburg auch wirklich nicht orientiert sind" (Interview Zeile 22-27).

Weitere Angebote, die sehr gut bei den Frauen ankommen, sind die einmal die Woche stattfindende juristische Beratung, sowie die hausärztliche Sprechstunde. Dafür kommt zwei Mal die Woche eine Ärztin auf Honorarbasis in die Beratungsstelle und untersucht die Frauen medizinisch (vgl. Interview Zeile 29-33). Eine Besonderheit der Zielgruppe stellt weiterhin ihr Umgang mit der besonderen psychischen Belastung in der Prostitution dar, der sich sehr von dem ihrer deutschen Kolleginnen unterscheidet: „oftmals sind die Frauen auch mal kaputt oder traurig [..], aber sie machen dann halt auch einfach weiter." (Interview, Zeile 235) Die liegt laut der Interviewpartnerin an der fehlenden Anerkennung psychischer Krankheiten in Osteuropa: „Die meisten psychischen Erkrankungen sind für diese Frauen auch keine Krankheit. Krankheit ist, wenn mir irgendwie was weh tut oder so. Aber grade dieses Psychische nehmen die Frauen auch gar nicht so wahr bei sich." (Interview, Zeile 237-240). Dies erschwert folglich auch den Zugang zu den Frauen:

„Für die deutschen Frauen ist es selbstverständlich, dass es ein Hilfsangebot gibt [..].
Die osteuropäischen Frauen sind hier ganz vorsichtig und sind erstmal so ganz still
und es dauert ganz, ganz lange, bis man da wirklich auch eine vertrauensvolle Beziehung aufgebaut hat, weil sie das meistens auch einfach nicht so kennen, dass es das
gibt. Und sagen auch ‚Pff, das brauch ich alles gar nicht'." (Interview, Zeile 240-245)

Abgesehen von diesen allgemeinen Herausforderungen wird die Arbeit des Sperrgebiets durch strukturelle Umstände erschwert; so befindet sich der Stadtteil St.
Georg in einem Aufwertungsprozess und die alte Beratungsstelle am Hansaplatz,
welche Schlafstellen und damit einhergehend Überlebenshilfe bot, musste Aufgrund der Gentrifizierung des Stadtteils weichen (Interview, Zeile 105-109).

Die Finanzierung der Einrichtung fällt schwer, da ständig Gelder gestrichen werden
und auch die rechtlichen Rahmenbedingungen, die den Alltag der Klientinnen prägen, machen den Beraterinnen zu schaffen. Wie der Name der Beratungsstelle sagt,
befindet sie sich mitten in Hamburgs Sperrgebiet, wo Prostitution weiterhin illegal
ist und mit hohen Bußgeldern bestraft wird (Interview, Zeile 84-86). Dennoch wird
sie dort besonders von Frauen ohne offizielle Anmeldebescheinigung weiter betrieben. Um die kaum vermeidbaren Bußgelder zu begleichen, gehen die Frauen
weiter anschaffen und laufen Gefahr, erneut erwischt zu werden.

Auch die Wohnsituation der Klientinnen erschwert das Helfen: 90% haben keine
Meldeadresse, was es ihnen unmöglich macht, Hilfsangebote in Hamburg wahrzu-
nehmen oder gar eine berufliche Umorientierung vorzunehmen (vgl. Interview
Zeile 98/118). Anhand des Interviews konnte ein ungefilterter Einblick in die prak-
tische Soziale Arbeit im Bereich der Prostitution und die Schwierigkeiten, denen
sie begegnen muss, erreicht werden. Hiermit schließt das erste Kapitel bzw. der
erste Teilbereichs dieser Arbeit, welcher sich ausschließlich mit dem Thema Prostitution befasst hat.

3 Drogenabhängigkeit

Der nächste Teil wird sich dem Thema der Abhängigkeit widmen, welcher einen weiteren Zugang zum Hauptthema der Beschaffungsprostitution geben wird.

Im diesem zweiten Kapitel soll insbesondere der Themenbereich der Drogenabhängigkeit genauer beleuchtet werden.

Drogen spielen in der Prostitution eine große Rolle, wobei zwischen „drogengebrauchenden Prostituierten" und „sich prostituierenden Drogenabhängigen" unterschieden muss, wobei letztere im Fokus dieser Arbeit stehen. Im Hinblick auf dieses Hauptthema der Beschaffungsprostitution wird speziell Heroin den Schwerpunkt dieser Untersuchung ausmachen, da dieses Rauschgift neben den Drogen Kokain, Crack und Benzodiazepin eine der Hauptmotivationen für Beschaffungsprostitution darstellt (vgl. Dekrell, 2010 ein Umstand, der im letzten Teil dieser Arbeit genauer beleuchtet wird. Das Kapitel Drogenabhängigkeit ist aufgebaut wie folgt: einer allgemeinen Begriffsdefinition für Drogen folgt die Eingrenzung auf das Heroin, dessen Historie und Wirkweise werden vorgestellt, die Abhängigkeit in ihren Ausprägungen wird erklärt. Diese wird definiert und der gesellschaftliche Umgang mit Abhängigkeit in Deutschland genauer beleuchtet. Darauf folgt im letzten Kapitel zur Sozialen Arbeit mit Abhängigen eine Vorstellung der verschiedenen Ansätze in der Suchthilfe und letztendlich eine Vorstellung der Hamburger Drogenberatungsstelle Drob-Inn. Diese leitet dann zum Hauptteil und letzten Kapitel der Beschaffungsprostitution über.

3.1 Definition Drogen

Unter dem Begriff Drogen versteht man „im weitesten Sinne all jene Substanzen, Arzneien oder Gifte, die auf das Bewusstsein oder den Körper eine biochemische Wirkung ausüben" (Jay 2010,S. 49). Im 20. Jahrhundert wurde die Bezeichnung hauptsächlich für gesellschaftlich negativ bewertete oder illegale Substanzen gebraucht und wird heute noch mit dieser Konnotation verwendet (vgl. ebd.).

Zu diesen psychotropen Substanzen zählen Alkohol, Tabak und Medikamente, welche legal und von der Gesellschaft weitestgehend akzeptiert sind, sowie Cannabis, Halluzinogene, Ecstasy, Amphetamine, Kokain und Heroin (vgl. Sting, 2015).

Drogen besitzen ein breites Spektrum an verschiedenen Wirkweisen, welche anregend, beruhigend, psychedelisch, hypnotisch, delirierend oder gar dissoziativ sein können. können. Diese unterscheiden sich von Substanz zu Substanz, aber auch durch verschiedene Formen des Konsums und fallen entsprechend der Zuführung mehr oder weniger stark aus (vgl. Jay, 2010).

3.2 Heroin

David Nutt, ehemaliger oberster Drogenberater der britischen Regierung, , stuft in einer Studie aus dem Jahr 2007 Heroin, direkt nach Alkohol, als die Droge mit dem zweithöchsten Abhängigkeitspotential ein. Kaum eine andere Droge macht so schnell abhängig (Nutt, 2007). Es existieren verschiedene Konsumformen, von denen der intravenöse Konsum durch spritzen in Deutschland der bekannteste und gleichzeitig der am schnellsten abhängig machende ist (vgl. Dekrell, 2010). Durch extreme Entzugserscheinungen ist es fast unmöglich, ärztliche Betreuung oder Substitute davon zu lösen, d.h. „clean zu werden" und die Rückfallquote ist bei Heroin selbst nach Jahren noch hoch. Der Bedarf eines Abhängigen steigt durch eine schnelle Toleranzbildung gegenüber des Stoffes stetig an. Der Stoff hat einen vergleichsweise hohen Preis, der oft nur durch Kriminalität und/oder Prostitution finanziert werden kann (vgl. ebd.).

3.2.1 Die Geschichte des Heroins

Die Ursprungs- und Verbreitungsgeschichte des Heroins beginnt mit der Entdeckung der schmerzlindernden und beruhigenden Wirkung des milchigen Saftes der Schlafmohns, der in seiner getrockneten Form als Opium bekannt wurde. Dies wurde schon von den Sumerern im 3. Jahrtausend vor Christus als Medizin und Genussmittel gebraucht, weshalb sie den Schlafmohn auch „Kraut der Freude" nannten (vgl. arte, 2015). Auch die Völker der Antike wussten um die Eigenschaften der Pflanze; Alexander der Große ließ seine Gefolgschaft auf seinen Kreuzzügen Mohnfelder pflanzen, um seine Truppen in der Schlacht und danach damit versorgen zu können (vgl. Laste & Karitzky, 2018) und verbreitete den Mohn so im Nahen Osten, wo er dank der klimatischen Bedingungen gut wuchs. Drogen und Krieg unterstützten sich seitdem gegenseitig: sie machten die Soldaten während des Kampfes leistungsfähiger und fokussiert und wurden verwendet, ihnen danach den posttraumatischen Stress und die Schmerzen zu nehmen (vgl. ebd.).

Durch diverse Kriege und Kolonialisierung verbreitete sich das Opium als Genuss- und Arzneimittel und wurde im 16. Jahrhundert von einem der ersten Apotheker, dem Schweizer Paracelsus, in Form von „Laudanum" als Medizin verwendet (vgl. Jay, 2010). Laudanum bestand aus in Alkohol aufgelösten Opium und machte es erstmals möglich, diese Droge kontrolliert dosiert zu verabreichen. Größere

Bekanntheit erhielt diese Tinktur jedoch erst im 17. Jahrhundert durch den Londoner Arzt Thomas Sydenham, der mit der Standarisierung der Laudanumrezepts die Basis für die Entwicklung moderner Drogen legte (vgl. ebd.).

1804 wurde in Deutschland aus dem Opium erstmals sein schmerzlindernder Wirkstoff Morphin isoliert, welches danach den „Allheilmittel"-Status der Opiumtinktur ablöste. Morphin (früher auch Morphium) ist nach dem griechischen Gott der Träume, Morpheus, benannt und gehörte, in Verbindung mit der 1853 erfundenen Spritze, zur Standardausrüstung eines guten Arztes in der damaligen Zeit (vgl. Laste & Karitzky, 2018). Das Spritzen ermöglichte die direkte Wirkung bereits nach 30 Sekunden, im Gegensatz zu der nach 20 Minuten wie bei der oralen Aufnahm. Dieser Umstand stellte eine Revolution dar, welche besonders Soldaten im brutalsten Krieg des Jahrhunderts, dem amerikanischen Bürgerkrieg, zu Gute kam. Durch das direkte Spritzen in die Blutbahn wurde jedoch die Wirkung des durch Isolation sowieso schon potenteren Stoffes abermals gesteigert und das Risiko der Abhängigkeit oder des Todes durch eine Überdosierung stieg im Vergleich zum Opium erheblich an. Somit war nicht verwunderlich, dass die aus dem Krieg zurückkehrenden Soldaten nach längeren Behandlungen im Lazarett abhängig von den Stoffen wurden. Dies stellte zur damaligen Zeit aber noch kein Problem dar, da regelrechte Morphinsets, fertig mit Spritze und zweifacher Dosis, schon für einen kleinen Preis im Versandhaus bestellt werden konnten (vgl. ebd.).

1896 wurde, abermals in Deutschland, von Felix Hoffmann für den Chemiekonzern Bayer weiter mit Morphin geforscht und es gelang die Synthetisierung des Diacetylmorphins, welches fortan unter dem Namen „Heroin" als „heroic remedy", der heroischen Medizin, weltweit vermarktet wurde (vgl. arte, 2015). Dies geschah in zwölf Sprachen und es wurde hauptsächlich als ein oral einzunehmendes Schmerz- und Hustenmittel verkauft und zu Beginn sogar als Gratisprobe verteilt. Weiterhin sollte es bei Bluthochdruck, Lungen- sowie Herzerkrankungen helfen, zur Geburts- und Narkoseeinleitung nutzbar sein und galt als „nicht süchtig machendes Medikament", was gegen die Entzugssymptome von Morphin und Opium helfen sollte, wobei es alle Vorteile von Morphin, aber keine Nebenwirkungen habe (vgl. Jay, 2010). Die Erkenntnis, dass Heroin sogar noch schneller stärker abhängig als Morphin machte und zusätzlich bei mehrfacher Einnahme eine Toleranzentwicklung zur Folge hat, kam erst acht Jahre später im Jahr 1904.

1910 erreichte diese Erkenntnis die Vereinigten Staaten, in denen darauf viele der inzwischen massig vorhandenen Opium- und Morphinabhängigen auf das intensiver wirkende und gleichzeitig günstigere Heroin umstiegen. Dies hatte die erste

Heroinwelle in den USA zur Folge (vgl. Laste & Karitzky, 2018). Die US Regierung reagierte darauf erst 1924 mit einem Verbot des Verkaufes von Heroin durch den Harrison Narcotic Tax Act, der den Beginn der Kriminalisierung von Drogenusern darstellte und den Handel in den Untergrund drängte. Dieser Trend der Kriminalisierung von Drogenkonsum verbreitete sich ab 1930 international, Bayer stellte den Vertrieb von Heroin 1931 ein und das Problem der Heroinsucht schien unter Kontrolle zu sein, bzw. wurde folgend vom 2. Weltkrieg überschattet (vgl. ebd.).

In der Folge zeigte sich jedoch, dass sich Drogen und Krieg gegenseitig unterstützten, so kehrten viele amerikanische Soldaten heroinsüchtig aus dem Vietnamkrieg zurück. Dieses Symptom brachte die Droge wieder in das Bewusstsein der Bevölkerung und schließlich in die Gesellschaft selbst (vgl. arte, 2015). Weiterhin wurde sie von der experimentierfreudigen Hippiegeneration der 1960er Jahre für sich entdeckt und alsbald stellte Heroin die Trenddroge unter Künstlern und Musikern, sowie vielen Jugendlichen dar, die ihren Idolen nacheiferten wollten und die Süchtigenzahlen exponentiell ansteigen ließen (vgl. ebd.)

Im Jahre 1971 wurde Heroin, wie andere Drogen auch, durch das Betäubungsmittelgesetz auch in Deutschland verboten. Kurz darauf kam es, laut dem IFT Institut für Therapieforschung, zum ersten Höhepunkt der Heroinsucht in Deutschland (vgl. IFT). Das bekannteste Gesicht der deutschen, oftmals noch sehr jungen Konsumentengeneration stellt bis heute Christiane F. da, welche schon mit 14 abhängig wurde und ihre Sucht über die Arbeit auf dem Straßenstrich in der Berlin finanzierte und ihr Leben 1987 im Buch „Wir Kinder vom Bahnhof Zoo" der Öffentlichkeit präsentierte (vgl. ebd.). In den 1980er Jahren überschattete die Entdeckung des Crack-Kokains das Heroin, bevor es Anfang der 1990er Jahre zu einer zweiten Welle starker Heroinnutzung kam. Seither geht der Konsum von Heroin stetig zurück, insbesondere verlagert sich der Drogenkonsum auf andere Substanzen.

In den USA ist ab den 1990ern die Nutzung von Opiaten in Form von Medizin, ähnlich wie 100 Jahre zuvor schon, nach der Flutung des Marktes mit Oxycodon als „Wundermittel" OxiContin durch die Pharmaindustrie wieder gewaltig gestiegen (vgl. Schaarschmidt, 2018). Wie auch Opium, Morphin und Heroin vor ihm macht diese „Wundermittel", entgegen der Aussagen der Hersteller, abhängig und dank der aggressiven Vermarktungsstrategie des Herstellers Purdue, ähnlich der von Bayer für Heroin Anfang des Jahrhunderts, war es fast bei jedem Arzt leicht erhältlich. Viele Oxycodonabhängige sind im Verlauf ihrer Sucht auf das vergleichsweise günstige und leichter erhältliche Heroin umgestiegen. Dies führte zu der Opioidkrise, welche seit 2000 anhält und in den USA täglich knapp 100 Menschen das

Leben kostet und damit die tödlichste Drogenepidemie der Geschichte darstellt (vgl. ebd.).

Da sich die Geschichte in diesem Fall fast identisch zu wiederholen scheint und die Heroinwelle schon Mitte des 20. Jahrhunderts aus den USA nach Deutschland kam, gilt abzuwarten, ob sie es abermals tun wird. Hinsichtlich der sehr verschiedenen Mentalität im Bezug auf Medikamentennutzung und Verschreibungshaltung auf Seiten der Ärzte ist eine Opioidkriese in ähnlicher Form jedoch eher unwahrscheinlich.

3.2.2 Wirkungsweise Heroin

Die Wirkung des Heroins mindert durch das Andocken an Endorphin-Rezeptoren im Hirn das Schmerzempfinden und ist euphorisierend, Verwendung als Medizin und den Erfolg als Therapeutikum nachvollziehbar macht. Nutzer beschreiben es als es wie „eine warme Decke, die sich über das Leben legt" (vgl. Hennemann, 2017). Die Wirkung beginnt mit einem intensiven "Kick", der kurz darauf in ein „länger andauerndes Gefühl gänzlicher Zufriedenheit übergeht" (vgl. ebd.). Negative Gefühle, Sorgen und Ängste werden unterdrückt und die geistige Aktivität gedämpft. Weiterhin hat Heroin eine atemrepressive Wirkung, weshalb es bei einer Überdosierungen zum Atemstillstand kommt. Anderweitig kann der Tod bei einer Heroinüberdosis auch durch Herzversagen eintreten (vgl. Dekrell, 2010).

3.3 Definition Abhängigkeit

Die Weltgesundheitsorganisation (WHO) hat den langjährigen Begriff der Sucht im ICD-10 (F10.2-F19.2) durch den der Abhängigkeit ersetzt und definiert diese wie folgt:

> „Einen seelischen, eventuell auch körperlichen Zustand, der dadurch charakterisiert ist, dass ein Mensch trotz körperlicher, seelischer oder sozialer Nachteile ein *unüberwindbares Verlangen* nach einer bestimmten Substanz oder einem bestimmten Verhalten empfindet, das er *nicht mehr steuern kann* und von dem er beherrscht wird. Durch *zunehmende Gewöhnung* an das Suchtmittel besteht die Tendenz, die Dosis zu steigern. Einer Abhängigkeit liegt der Drang zugrunde, die psychischen Wirkungen des Suchtmittels zu erfahren, zunehmend auch das Bedürfnis, unangenehme Auswirkungen ihres Fehlens (Entzugserscheinungen wie Unruhe, Schlafstörungen, Kopfschmerzen, Angstzustände, Schweißausbrüche) zu vermeiden." (WHO)

Abhängigkeit wird seit 1968 als Krankheit betrachtet, welche wechselwirksam von sozialen und biologischen Prozessen bestimmt ist (WHO). Es bestehen verschiedene Arten der Abhängigkeit: die *stoffgebundene* (Alkohol- und Nikotinsucht, Drogenabhängigkeit etc.) und die *stoffungebundene* (Spielsucht, Kaufsucht etc.). Weiterhin wird zwischen der *psychischen* und *physischen Form* der Abhängigkeit unterschieden, welche sich gegenseitig verstärken und wiederum das Abhängigkeitspotential bestimmen, welches von Stoff zu Stoff stark variieren kann. Die Gründe und Bedingungen für Drogenkonsum und Abhängigkeit sind individuell zu betrachten.

3.3.1 Der gesellschaftliche Umgang mit Abhängigkeit in Deutschland

Die deutsche Gesellschaft pflegt im Umgang mit Drogen eine gewisse Doppelmoral, bei der der Gebrauch von Drogen wie Alkohol in Form von Bier und Wein kulturell integriert und erwünscht ist und ökonomisch gefördert wird, während Drogen wie Cannabis als kulturfremd ausgegrenzt werden und durch Illegalisierung strafrechtlicher Verfolgung unterliegen. Laut Experten basiert diese Unterteilung auf der Entwicklung verschiedener Interessen-Konstellationen im Verlauf der Geschichte und weniger auf sozialmedizinischen oder pharmakologischen Erkenntnissen (vgl. Schrader 2013) und prägend dennoch weiterhin die gesellschaftliche Wahrnehmung von Drogen.

Der Umgang mit Drogenabhängigen ist von Stigmatisierung und Ausgrenzung geprägt, welche durch die pathologische Betrachtung der Abhängigkeit als Krankheit bedingt ist. Zwar ermöglicht diese Betrachtung die Behandlung der Abhängigkeit, gleichzeitig wurden Abhängige aber als „moralisch und psychisch minderbemittelt und sozial unfähig abgewertet" (Schrader 2013, S. 54) und aus der Gesellschaf exkludiert. Die Begrifflichkeiten Sucht und Abhängigkeit sind innerhalb der Gesellschaft negativ konnotiert und implizieren eine Störungsannahme und Behandlungsbedürftigkeit (vgl. ebd.). Durch die Gleichstellung der Gefahrenpotentiale aller illegalen Drogen, welche durch die Einführung des Begriffes der Abhängigkeit durch die WHO geschah, kam es zu einer undifferenzierten Strafbarkeit aller Drogen, woraus sich eine pauschale Kriminalisierung aller KonsumentInnen ergab.

Diese Stigmatisierung und Kriminalisierung von Abhängigkeit und Konsum äußert sich in der Abstinenzfixierung, welche in den 1970er Jahren mit dem erlass des BTMG ihren Zenit erreichte. Zurhold stellte 1998 fest, dass „das Herrschende Drogenverbot [..] kein sachliches Produkt realer Problembearbeitung (sei), sondern ein moralisches Produkt irrationaler Ängste (darstellt)." Diese Ängste waren stark durch die USA und ihre Probleme im Umgang mit Drogen und Abhängigkeit bestimmt und es galt, ähnliche Entwicklungen in Deutschland zu vermeiden. Die

Medien unterstützten diese Bemühungen, indem sie reißerisch über Suchtschicksale berichteten und in ihren Ausführungen den Fokus auf die individuelle, selbstverschuldete Lage der Betroffenen richtete, während sie soziale und strukturelle Komponente nahezu gänzlich ausgelassen wurden.

Man lenkte die Bevölkerung mit Einzelschicksalen wie dem der Christiane F. von Problemen mit legalen Drogen (bspw. Lungenkrebs als Folge des Rauchens oder dem Alkoholismus) die die ganze Bevölkerung betrafen, ab und konstruierte die Randgruppe der Konsumenten von illegalen Drogen. Die Konzeption einer solch hilfsbedürftigen Randgruppe und der Kampf gegen deren fremdes Laster bietet weiterhin eine Ablenkung von eigenen Problemen mit dem guten Gefühl humanistischer Hilfe (vgl. Zurhold, 1998).

Die Existenz dieser Randgruppe ist durchweg von Illegalität bestimmt, welche zwangsläufig zu Kriminalität führt, vor der sich die Allgemeinbevölkerung fürchtet. Diese Furcht legitimiert wiederum weitere Repression und Überwachungsmaßnahmen auf Seiten des Staates, welche vom der Normalbevölkerung so lang als Schutz wahrgenommen werden, wie ein Feindbild besteht (vgl. Schrader, 2013). In diesem Sinne arbeiten die Medien mit ihrer verzerrten Darstellung und kaum fachlich-differenzierter Auseinandersetzung für die Regierung und fungieren neben Judikative, Exekutive und Legislative als Kontrollorgan, was die gesellschaftliche Meinung und ihren Umgang mit Abhängigkeit bestimmt (vgl. ebd.) Das medial aufgebauschte Drogenproblem dient, so zitiert Schrader Jacob Tanner (1996), einer Gesellschaft in einer kulturelle Krisenlage als neue Verständigungsbasis. Durch den „war on drugs" wird die Moral der Bevölkerung bestimmt und er erfüllt durch die klare Abgrenzung zwischen gut/böse und gesund/krank eine „gesellschaftliche Stabilisierungs- und Orientierungsfunktion" (Schrader 2013, S. 56), bei der das Feindbild klar definiert ist.

Problematisch an der Konzeption dieses Feindbildes ist jedoch das fehlender Schuldbewusstsein der Betroffenen, in diesem Fall der Drogenabhängigen, selbst. Es fehlt eine Entwicklung eines Unrechts- und Schuldbewusstseins und soziales Konfliktpotential ergibt sich lediglich im Zusammenstoß mit der Rechtsnorm (vgl. ebd.), bzw. im Kontakt mit der ausgrenzenden Gesellschaft, so Zurholds Ausführungen 1998. Weiterhin scheitert die staatlich- repressive Praxis inzwischen an der bestehenden Verbreitung illegaler Drogen und ihrer bereits vollzogenen kulturellen Integration (vgl. ebd.), welche trotz medialer Abschreckungskampagnen zu Stande kam. Diese Verbreitung des Drogenkonsums trotz Abschreckung lässt sich als Produkt des fundamentale Bedürfnis des Menschen nach

Bewusstseinserweiterung (vgl. Jay, 2010) verstehen, welches seit Beginn der Menschheitsgeschichte beobachtet wurde. Dieses Bedürfnis wird sich immer wieder über Verbote und diktierte Moral hinwegsetzten, weshalb es zwingend nötig ist, den gesellschaftlichen, politischen und rechtlichen Umgang mit Drogen und ihren Konsumenten zu überdenken. Im folgend en Kapitel wird der Umgang der Sozialen Arbeit als Hilfesystem für eben diese beleuchtet werden.

3.4 Soziale Arbeit mit Drogenabhängigen

Die Handlungsfelder der Sozialen Arbeit zum Thema der Abhängigkeit unterteilen sich in zwei Bereiche: im Bereich der Suchtprävention geht es um die Verhinderung von Sucht bzw. Abhängigkeit durch Aufklärung, welche besonders Kinder und Jugendliche als Adressaten hat und dadurch im Kontext dieser Forschungsarbeit nicht weiter relevant ist.

Der zweite Bereich der Suchtrehabilitation umfasst die Arbeit mit bereits Abhängigen, die sich in Behandlung und Rehabilitation unterteilt und welche sich ständig verändernden strukturellen Rahmenbedingungen gerecht werden muss. Diese Bedingungen umfassen nach Leicht und Schaffranek (2014) das Setting und die Zielgruppe (Drogenszenen, KonsumentInnen), ordnungspolitische Maßnahmen und betäubungsmittelrechtliche Regelungen (StGb, BtMG) sowie gesellschaftliche Entwicklungen und den Stellwert, den diese Gesellschaft der Arbeit mit Abhängigen zuschreibt (siehe dazu Kapitel 3.2).

Durch das von der WHO definierte Verständnis einer Abhängigkeit als Krankheit ist die Arbeit mit Abhängigen überwiegend medizinisch dominiert. Das Hilfssystem der „Suchtkrankenhilfe" unterteilt sich nach Sting (2015) wiederum in „medizinische Basisversorgung durch Ärzte und allgemeine Krankenhäuser" zum einen und in „Psychosoziale und psychiatrische Basisversorgung im öffentlichen Gesundheitsdienst und in psychiatrischen Krankenhäusern" zum anderen. Weiterhin gibt es Angebote der ambulanten Beratung, der stationären oder ambulanten Therapie sowie Nachsorge durch Selbsthilfegruppen, welche ihrerseits nach Groenemeyer die „Trias der Suchthilfe bilden" (vgl. Sting, 2015).

Die Suchthilfe bzw. Rehabilitation wurde lange Zeit vom „Königsweg der stationären Langzeittherapie" geprägt, welche dem Abstinenzansatz folgt, wobei die Abstinenz das Ziel der „therapeutischen Kette" darstellt (vgl. Sting, 2015) Den Beginn dieser Kette bildet die Drogen- bzw. Suchtberatung, welche zur Entgiftung motiviert und auf die ein Entzug bzw. eine stationäre Langzeittherapie folgt, auf die wiederum eine Nachsorge in Form von Selbsthilfegruppen folgt. Die stationäre Langzeittherapie stellt hierbei die Hauptintervention dar und erfolgt zumeist in einer „lebensweltfernen, rigiden oder gar „totalen" therapeutischen Atmosphäre", welche zu einer völligen Neuorientierung des Klienten führen soll. Dieser Ansatz, der das Ziel der Abstinenz verfolgt, wird in seinem Erfolg am Erreichen dieser gemessen und zeigt durch hohe Rückfallraten eine geringe Wirksamkeit (vgl. ebd.).

Auf Grund dessen entstanden Mitte der 1980er Jahre der Ansatz der *Akzeptierenden Drogenarbeit*, bei der die Stabilisierung und Verbesserung der Lebenssituation der Klienten den Fokus darstellten und ihr Drogenkonsum akzeptiert wird. Diese Form der Suchthilfe ist alltags- und lebensweltorientiert und zielt auf die Stärkung der Eigenverantwortung und die Entwicklung einer biografischen Perspektive für den Klienten, sowie auf eine Verringerung gesundheitlicher Begleit- und Folgeschäden (vgl. Sting, 2015). Der Klientenkontakt besteht in Form von Begleitung und Alltagsunterstützung und wird in niedrigschwelligen Einrichtungen wie Kontaktcafés oder durch aufsuchende Straßensozialarbeit angeboten. Diese folgt den Arbeitsprinzipien der Ressourcen- und Lebensweltorientierung, basiert auf Freiwilligkeit seitens der KlientInnen und baut weiterhin auf Diskretion, dem Respektieren von Grenzen, Transparenz und vor allem der Niedrigschwelligkeit durch ihren aufsuchenden Charakter (vgl. Schaffranek, 2014).Weiterhin bestehen Angebote zum Spritzentausch und seit Beginn der 2000er Jahre auch legale Konsumräume, die dabei helfen, den akzeptierten Konsum risikoärmer gestalten. Die lebensweltorientierte Drogenhilfe bedient sich auch der Langzeittherapie, ergänzt sie jedoch um Kurzzeittherapien und ambulanten Behandlungen, sowie seit 1987 um Substitutionsbehandlungen und Programme zur kontrollierten Heroinvergabe (vgl. ebd.).

So lässt sich in der Entwicklung der Ansätze in der Sozialen Arbeit mit Abhängigkeit der wandelnde gesellschaftliche Blick auf das Thema nachverfolgen: von einem pathogenen Blick auf die Abhängigkeit als Krankheit und dem damit einhergehenden medizinischen Therapiegedanken während der 1980er zu einer salutogenen Perspektive, die sich der Lebensweltorientierung und der Arbeit mit Ressourcen verschrieben hat und Abhängigkeit als ein „Bildungsproblem" begreift seit Beginn der 1990er Jahre. In diesem Verständnis stellen „Suchtverläufe misslungene und blockierte Entwicklungsverläufe" dar, deren Überwindung als Bildungsprozess verstanden wird. Das daraus folgende Ziel ist die „soziale Rehabilitation", bei der Stabilisierung, Begleitung und berufliche Integration eine wichtigere Rolle spielen als Abstinenz oder die Änderung des Konsumverhaltens (vgl. ebd.).

Die Umsetzung der Akzeptierenden Drogenarbeit in der Praxis soll im Folgenden kurz am Beispiel der Drogenberatungsstelle Drob-Inn in Hamburg St. Georg vorgestellt werden, in welcher die Autorin während des Studiums hospitiert hat. Folgende Informationen wurden während dieser Hospitation gesammelt und stammen somit aus eigner Quelle.

3.4.1 Vorstellung Drob-Inn St. Georg

Bei dem Drob Inn in Hamburg St. Georg handelt es sich um eine staatlich anerkannte, niedrigschwellig arbeitende Kontakt- und Beratungsstelle der Trägers Jugendhilfe e.V., welche sich der Akzeptierenden Drogenarbeit verschrieben hat. Die Zielgruppe stellen erwachsene Drogenabhängige dar und das Konzept wurde auf die offene Drogenszene in St. Georg ausgerichtet, welcher seit 1997 durch einen integrierten Konsumraum und der Option des Spritzentausches in der Beratungsstelle begegnet wird. Dieser Konsumraum soll den KonsumentInnen einen Schutzraum bieten und gleichzeitig die Öffentlichkeit entlasten. Dies geschieht insofern, dass der Konsum, statt wie früher in Hauseingängen oder Parks, nun unter kontrollierten, hygienischen Bedingungen im Drob stattfinden kann. Dies führte zu einem radikalen Rückgang von Todesfällen durch Überdosierung und einer allgemeinen Zentralisierung der Hamburger Drogenszene um den Besenbinderhof. Die Hilfsangebote umfassen konkrete Hilfen zum Überleben, zur sozialen Stabilisierung und zum Ausstieg aus der Sucht und bilden die Voraussetzung dafür, den Kontakt zur Klientel zu finden und weiterführend unterstützen zu können. Ihre Umsetzung in der Praxis soll folgend, basierend auf der Erfahrung der Autorin, kurz vorgestellt werden.

Das offene Café, in dem für Centbeträge warme Mahlzeiten, Obst und Getränke angeboten werden, ermöglicht niedrigschwellige Kontaktarbeit mit den KlientInnen und bietet ihnen einen Schutzraum auf der Szene. In den Räumen des Drob-Inns ist der Handel von Drogen verboten und wird mit einem Hausverbot von 2 Wochen bestraft. Auch der Konsum ist nur in den dafür vorgesehenen Konsumraum erlaubt, welcher sich in einen Bereich für intravenösen, sowie nasalen Konsum und einen für den Konsum durch Rauchen unterteilt und durch eine Glaswand getrennt ist.

Beim Betreten des Konsumraums erhalten die KonsumentInnen an einer Theke von SozialpädagogInnen die gewünschten Konsumutensilien und kriegen von da an 20 Minuten Zeit, den mitgebrachten Stoff zu konsumieren. Es dürfen sich maximal 25 Leute gleichzeitig im Konsumraum befinden und dem großen Andrang wird durch eine Durchgangsschleuse begegnet.

Drogenabhängigkeit

Weitere Räume sind unteranderem das Behandlungszimmer, in dem ein Kranken-
pfleger ärztliche Basisversorgung anbietet, ein Beratungsraum mit der Option,
über Webcam einen Dolmetscher für Beratungsgespräche zu zuschalten und die
Kleiderkammer, in der sich KlientenInnen bei Bedarf neue Kleidung aussuchen
dürfen.

Diese Kombination aus Beratung, Ausstiegshilfen und niedrigschwelligem Zugang
ermöglicht somit das Anbieten sofortiger, konkreter Hilfen in fast allen relevanten
sozialen Bereichen, welche täglich von bis zu 400 KonsumentInnen wahrgenommen werden. Viele dieser Konsumentinnen finanzieren sich ihren Konsum durch
die Arbeit als Beschaffungsprostituierte auf dem nahgelegenen Straßenstrich in St.
Georg, jedoch stellen sie bzw. ihre Tätigkeit kaum einen Fokus in der Arbeit des
Drob-Inn dar und sie werden in erster Linie in ihrer Rolle als abhängige Konsumentinnen wahrgenommen. Dies kann in Extremfällen, wie dem einer schwangeren Beschaffungsprostituierten, welche den Konsumraum nutzen möchte, zu Überforderung auf Seiten des sonst sehr kompetenten Teams führen, wie die Autorin während ihrer Hospitation wahrgenommen hat. Den Grund bzw. die Ursache dieser
Überforderung gilt es nun, als Kernthema dieser Arbeit im nächsten und letzten
Kapitel der Beschaffungsprostitution zu untersuchen.

4 Beschaffungsprostitution

Das folgende Hauptkapitel dieser Forschungsarbeit, das sich dem Thema der Beschaffungsprostitution widmet, wird einem ähnlichen Aufbau wie die vorherigen Kapitel folgen und stellt gleichzeitig den Diskussionsteil dieser Arbeit dar. Nachdem in den vorangegangenen Kapiteln die Themen Prostitution und Abhängigkeit als konstituierenden Themen der Beschaffungsprostitution ausführlicher untersucht wurden, gilt es nun, die Ergebnisse dieser Untersuchungen im Hinblick auf das Hauptthema zusammenzutragen und zu diskutieren, sowie die weiteren Besonderheiten und Schwierigkeiten im Feld der Beschaffungsprostitution aufzuzeigen.

Zu diesem Zweck wird abermals eine Definitionsversuch unternommen und die historische Entwicklung der Beschaffungsprostitution grob nachgezeichnet, sowie die Entstehung der relevanten rechtlichen Rahmenbedingungen aufgezeigt. Weiterhin werden die Bedingungsfaktoren und Auswirkungen von Beschaffungsprostitution beleuchtet.

Darauf folgend werden die Perspektiven der Betroffenen selbst und die der Sozialen Arbeit auf das Feld vorgestellt. Zu diesem Zweck wird eine Studie aus 1980 vorgestellt, welche unteranderem die verschiedenen Zugänge von jungen, heroinabhängigen Frauen zur Beschaffungsprostitution in Amsterdam und ihre Einstellungen gegenüber dem Hilfesystem erhoben. Eine Untersuchung dieser leitet sodann zum Kernthema, der heutigen Beschaffungsprostitution und ihrer von der Autorin unterstellten Existenz als „Nicht-Thema" innerhalb der Sozialen Arbeit über. Bereits bestehende Angebote der praktischen Soziale Arbeit im Bereich Beschaffungsprostitution werden überprüft, sowie auf Gründe untersucht, welche zu dieser „Nicht-Thematisierung" führen. Sodann wird die Einrichtung ragazza e.V. aus St. Georg zum einen als Beispiel für die sozialarbeiterische Praxis und zum anderen als Ausblick vorgestellt.

4.1 Definition Beschaffungsprostitution

Wie bereits am Aufbau dieser Arbeit und dem Wort selbst erkennbar ist, konstituiert sich die Beschaffungsprostitution aus den Bereichen der Prostitution und der Abhängigkeit, welche nach Rita Süssmuth eine „unheilvolle Allianz bilden" in der „die eine die andere stützt und damit aufrechterhält" (vgl. Brakhoff, 1989). Auch die Abgrenzung beider Bereiche fällt schwer, da sie sich überschneiden und ihre

Einheit in Form der Beschaffungsprostitution nur selten untersucht wird (vgl. Schrader, 2013).

Dadurch wird das Bestimmen und die klare Definition der Beschaffungsprostitution erschwert, welche im Folgenden dennoch durch die Betrachtung der Frauen im Kontext der Bereiche der Sucht und der Prostitution versucht werden soll. Die Ergebnisse dieser Betrachtung ergeben destilliert die Definition der Beschaffung Prostitution.

4.1.1 Betrachtung als Drogenabhängige

Bei immerhin 600.000 Abhängigen Konsumenten illegaler Drogen in Deutschland muss man bei bis zu zwei Drittel (vgl. Brakhoff, 1989) davon ausgehen, dass sie sich ihren Konsum durch Beschaffungsprostitution finanzieren. Dies gilt vor allem für die nach Schrader 40.000 abhängige Frauen, von denen wiederum 40% ihre Position durch diese Form der Prostitution weiter prekarisieren und Drogenkonsum als ihre Hauptmotivation zur Prostitution benennen (vgl. Schrader, 2013). In der Drogenszene, welche von ihnen aufgrund der Angebote der Drogenhilfe statt dem Rotlichtmilieu als Bezugsszene genutzt wird, erhalten sie das geringste Ansehen (vgl. Kerschl 2005, Brakhoff 1989) und haben kaum Solidarisierungsmöglichkeiten innerhalb der männerdominierten Szenegesellschaft.

Vor dem Gesetz sind sie schutzlos und werden verfolgt, weil sie illegale Drogen konsumieren. Sie sind in großem Maße auf Überlebenshilfen angewiesen und ohne solche stark von Verelendung und Gewalt innerhalb der Szene betroffen.

4.1.2 Betrachtung als Prostituierte

Beschaffungsprostitution findet meist in der Form von Straßenprostitution statt und erhält unter den Prostituierten das geringste Ansehen. Dies beruht auf dem schlechten Ruf, dass Beschaffungsprostituierte unprofessionell und zum Preisbruch bereit sein. Diese Unprofessionalität fußt auf dem fehlenden Selbstverständnis als Prostituierte (vgl. Zurhold, 2005). Es fehlt Beschaffungsprostituierten meist an einer adäquaten Einführung in das Milieu, mit dem das Erlernen von Verhaltensregeln und Schutzmechanismen, sowie die Entwicklung eines Berufsethos einhergeht (vgl. Schrader, 2013.). Da ihre Hauptmotivation das „Beschaffen" von Geld für den Konsum darstellt, ist besonders in Entzugssituationen die Bereitschaft demütigende Praktiken, Sex ohne Kondom oder für Dumpingpreise einzugehen erhöht und macht sie somit vor Freiern besonders vulnerabel (vgl. Angelina, 2015). Sie agieren rein aus Suchtdruck heraus und würde sich nicht freiwillig prostituieren, während die professionellen Sexarbeiterinnen nicht verstehen, wie die anderen ihr ganzes Geld in Drogen investieren können (vgl. Brackhoff, 1989). So kommt es kaum zu Solidarisierungen untereinander. Vor dem Gesetz sind sie schutzlos, da sie sich aufgrund der Abneigung von Seiten der Sexarbeiterinnen in den „offiziellen Gebieten" oftmals illegal im Sperrgebiet prostituieren müssen und dadurch auch für die allgemeinen Prostitutionsberatungsstellen schwer zu erreichen sind.

4.1.3 Zusammenfassende Definition

Somit lässt sich zusammenfassend Beschaffungsprostitution wie folgt definieren:Die Hauptmotivation stellt die Drogenbeschaffung dar und das Selbstbild der Frauen ist das einer Drogenabhängigen statt das einer Prostituierten.

Die Arbeit findet vorwiegend auf dem Straßenstrich statt und aufgrund von Verdrängung von Seiten der professionellen Sexarbeiterinnen wird dieser im Sperrgebiet nachgegangen, wo sie kriminalisiert wird. Weitere Kriminalisierung erfährt die Beschaffungsprostituierte als Konsumentin illegaler Drogen und verstößt somit täglich gegen mindestens zwei Gesetze, das Betäubungsmittelgesetz (BtMG) und die Sperrgebietsverordnung, welche im Kapitel „rechtliche Rahmenbedingungen" näher beleuchtet werden.

In Verbindung mit ihrer schlechten Stellung innerhalb der informellen Drogen- sowie Prostitutionsszene führt dies zu einer prekären Lebenslage und einer extremen Stigmatisierungen auf Grund der doppelten Verletzung sozial-moralischer Normen im Alltag der Beschaffungprostituierten. Sie sind aufgrund ihrer Abhängigkeit vulnerabel und zumeist eher dem Drogenhilfe- statt dem Prostitutionsberatungsnetzwerk angebunden, ein Umstand der später genauer betrachtet werden wird.

Studien zufolge liegt das Einstiegsalter der Frauen bzw. Mädchen durchschnittlich bei 17,5 Jahren (vgl. Hermes, 2007). So sind Beschaffungsprostituierte meist zwischen 20-30 Jahre alt und damit jünger als die meisten professionellen Sexarbeiterinnen. Von diesen unterscheidet sie außerdem ihr Aussehen, was meist vom Drogenkonsum geprägt ist und unter verhüllenden, statt freizügigeren Kleidungsstücken versteckt wird (vgl. Dekrell, 2010).

Beschaffungsprostituierte sind im Vergleich zu sonstigen Drogenkonsumentinnen doppelt so oft von HIV betroffen. Weitere Charakteristika einer Beschaffungsprostituierten sind nach Guggenbühl/Berger (2001) ihr ausgeprägter Wille zur Selbstständigkeit und Unabhängigkeit, was sie zu Einzelgängerinnen macht.

So ist die Lebenswelt der Beschaffungsprostituierte zusammenfassend von intensivem Drogengebrauch, schlechtem Gesundheitszustand, Obdachlosigkeit, der Gefahr körperlicher und sexueller Übergriffe und extremer sozialer Stigmatisierung bestimmt, sowie maßgeblich von Gesetzen beschränkt.

4.2 Historie und Rahmenbedingungen der Beschaffungsprostitution

Im Folgenden Kapitel soll eine kurzer historischer Abriss die Entwicklung der Beschaffungsprostitution innerhalb Deutschlands nachzeichnen, die rechtlichen Rahmenbedingungen, in denen sie sich bewegt, werden vorgestellt und die Bedingungsfaktoren, sowie die Folgen und Auswirkungen von Beschaffungsprostitution werden beleuchtet.

Die Beschaffungsprostitution hat ihren Ursprung in der Entstehung der Drogenszene in den 1970er Jahre. Der damals zunehmenden Konsum von Heroin und die damit einhergehende, starke Abhängigkeit hatte eine Verelendung auf Seiten der Konsumenten zur Folge (vgl. Dekrell, 2010), von denen viele Frauen sich der Beschaffungsprostitution zuwandten. Diese stellt für bereits abhängige Frauen die wichtigste Einnahmequelle zur Finanzierung ihres Drogenkonsums dar und ist gleichzeitig die letzte Stufe einer Abhängigkeitskarriere (vgl. Schrader, 2013), welche bei Heroin durch die starke Abhängigkeit und extreme Entzugserscheinungen schnell erreicht wird.

Das Phänomen der Beschaffungsprostitution rückte jedoch erst im Zuge der HIV-Welle zu Beginn der 1980er Jahre in den Blick der Öffentlichkeit und diese Entwicklung wurde durch vermehrte Publikationen zu diesem Thema begünstigt. Besonders das vermehrte Aufkommen von minderjährigen Prostituierten in Deutschland, teilweise erst 14 Jahre alt, ab 1983 stellte einen Fokus dieser Publikationen dar. Dieser Entwicklung wurde unteranderem mit der Eröffnung von Beratungsstellen, wie dem Café Sperrgebiet 1985 in Hamburg St. Georg, begegnet.

Hauptsächlich ist das Phänomen der Beschaffungsprostitution in Großstädten wie Hamburg, Berlin und Frankfurt am Main oder auch München verbreitet (vgl. Dekrell, 2010), wobei Hamburg und speziell St. Georg in dieser Arbeit den Fokus ausmachen.

4.2.1 Rechtliche Rahmenbedingungen

Die Bedingungsfaktoren und Ursachen von Beschaffungsprostitution haben immer etwas mit der Illegalität der Drogen und nicht nur mit Krankheit bzw. Abhängigkeit der Betroffenen selbst zu tun. Durch die Illegalisierung einer Droge und der dadurch bedingten massiven strafrechtliche Verfolgung steigt ihr Preis auf dem Schwarzmarkt, wo dem Stoff weiterhin schädlichen Streckmittel hinzugefügt werden, die wiederum die körperliche Verelendung der Konsumenten fördern. Dekrell (2010) schließt daraus, dass Beschaffungsprostitution weniger weit verbreitet wäre, wenn Drogen legalisiert würden (vgl. Dekrell, S, 12).

Doch auch die allgemeinen rechtlichen Rahmenbedingungen, in denen sich Beschaffungsprostitution bewegt, tragen einen großen Teil zur Verelendung bei. Die Gesetze, welche in den letzten Jahren im Bereich der Prostitution erlassen wurden, berühren die Lebens- und Arbeitswelt der Beschaffungsprostituierten eher peripher, insbesondere weil sie sich selbst nicht als Prostituierte oder gar Sexarbeiterinnen betrachten. An rechtlichen Regelungen betreffen sie am meisten die Sperrgebiets- und in dieser spezielle die Kontaktverordnung, welche folgend ausführlicher vorgestellt werden.

4.2.1.1 Die Sperrgebietsverordnung

Die sogenannten Sperrgebietsverordnungen werden im Landrecht festgelegt und es besteht keine Pflicht sie zu erlassen. Die meisten Städte, mit den Ausnahmen Berlin und Rostock, machen jedoch von ihnen Gebrauch und in Dresden, Stuttgart und Dortmund wurde nahezu das ganze Stadtgebiet zum Sperrgebiet erklärt (vgl. Zurhold, 2014).

Sperrgebietsverordnungen regeln, in welchen Stadtgebieten die sonst legale Straßenprostitution verboten ist und in welchen Straßenzügen und unter welchen zeitlichen Vorgaben die Ausübung von Prostitution toleriert wird. Besonders oft werden sie in dicht besiedelten Stadtgebieten zum Schutz der „Normalbevölkerung" erlassen.

In Hamburg umfasst die Sperrgebietsverordnung seit 1980 das Stadtviertel St. Georg rund um den Hauptbahnhof, welches durch seine Lage seit jeher von der Prostitution- und Drogenszene geprägt wurde. Die Prostitution wurde dennoch jahrelang toleriert, bis am 1. Februar 2012 die sogenannte Kontaktverbotsverordnung (KontaktverbotsVO), die bereits Anbahnungsgespräche zwischen Kunden und Prostituierten mit hohen Bußgeldern ahndet, erlassen wurde. Von diesem Zeitpunkt an müssen die Frauen in Hamburg ein Bußgeld von 500€ bezahlen, Kunden werden sogar mit Zahlungen von bis zu 5.000€ bestraft, sofern sie bei einem Verstoß erwischt werden.

Mit der Ausdehnung von Sperrgebieten soll die Straßenprostitution letztendlich abgeschafft werden und die eigentlich legale Prostitution wird wieder kriminalisiert, was massive Auswirkungen auf die Lebenswelt insbesondere der Beschaffungsprostituierten hat, die sich aus bereits genannten Gründen hauptsächlich im Sperrgebiet prostituieren.

Besonders das Kontaktverbot erhöht die Wahrscheinlichkeit, Opfer gewalttätiger Übergriffe durch Freier zu werden, da durch die ständige Gefahr, erwischt zu werden, die Kontakt- und Kennlernphase auf ein Minimum reduziert wird und die Frauen schneller mit in Autos steigen, um der ständigen Kontrolle durch Überwachungsstreifen der Polizei zu entgehen.

Weiterhin hat besonders die Kontaktverbotsverordnung zur Folge, dass mehrheitlich Freier mit schlechten Absichten und Motiven das Sperrgebiet aufsuchen und gut zahlende Kunden aufgrund der massiven Bußgelder fernbleiben, so beobachtet die Leitung der Beratungsstelle ragazza e.V. die Entwicklungen in St. Georg.

In der Untersuchung „Auswirkungen des Prostitutionsgesetzes" im Abschlussbericht des Bundesministeriums für Familie, Senioren, Frauen und Jugend aus dem Jahr 2005 wird weiterhin die Förderung von Konkurrenzdruck durch die „künstliche Verknappung von Arbeitsmöglichkeiten" als negative Folge aufgeführt. Weiter heißt es „Toleranzzonen in entlegenen Gebieten ohne jegliche Infrastruktur erhöhen das Risiko von Prostituierten, Opfer von Gewalt zu werden" (BFSFJ, 2005).

4.2.2 Bedingungsfaktoren für Beschaffungsprostitution

Im Folgenden Abschnitt wird grob auf die Bedingungsfaktoren für Beschaffungsprostitution nach Dekrell und Zurhold eingegangen, um danach die allgemeinen Folgen und Auswirkungen der Beschaffungsprostitution auf die Frauen grob zu beleuchten.

Zwar existieren keine einheitlichen Bedingungsfaktoren von Beschaffungsprostitution, da diese unterschiedlichen Faktoren, wie Biografien und Sozialisationsprozessen, bestimmt ist. Dennoch sind oftmals ähnliche Erfahrungen in den Biografien der in der Beschaffungsprostitution tätigen Frauen auszumachen, welche folgend näher beleuchtet werden.

Viele der Betroffenen weisen laut Dekrell ein eher niedriges Bildungsniveau vor und verfügen oftmals über keine abgeschlossene Berufsausbildung (vgl. Dekrell, 2010). Weiterhin kam es bei vielen der Frauen zu psychischen und physischen Gewalterfahrungen in der Kindheit und Jugend. Besonders ein sexueller Missbrauch während der Kindheit stellt eine wesentliche Ursache von Beschaffungsprostitution dar, was jedoch nicht für alle betroffenen gleichermaßen Frauen gilt. Gewalterfahrungen als ausschließlich-bedingenden Faktor zu bestimmen, würde nach Dekrell zur Vereinfachung der komplexen Problemlage und weiterer Etikettierung der Frauen führen (vgl. ebd.).

Zurhold kam 2005 in einer Studie zu dem Ergebnis, das viele Frauen in der Beschaffungsprostitution biografisch vorbelastet sind. Diese Vorbelastungen umfassen neben massiven Einschnitten wie dem Tod eines Elternteils (19%), der Trennung dieser (52%) oder einer Fremdunterbringung (45%) auch den Wechsel von Schulen (62%) und Umzügen (67%). Auch haben 62% der Befragten Gewalterfahrungen in der Kindheit gemacht und bei 53% der Befragten waren bereits die Eltern Substanzabhängig (vgl. Zurhold, 2005). Somit ist das Leben vieler Frauen in der Beschaffungsprostitution von früh an von Beziehungsabbrüchen und Diskontinuitäten geprägt. Weiterhin ist gilt laut Zurhold: je früher die kindlichen Gewalterfahrungen, desto eher erfolgt der Einstieg in das Drogen- und Prostitutionsmilieu (vgl. ebd.) Sie statuiert weiterhin, dass die Einstiegsgründe von jungen Frauen in die Drogenprostitution immer individuell zu betrachten sind, erfahrungsgemäß jedoch Hauptmotive existieren. Diese umfassen finanzielle Gründe, einen emotionalen Mangel an Anerkennung und Wertschätzung und das Nutzen der Prostitution als Überlebensstrategie außerhalb des Zuhauses (vgl. ebd.)

4.2.3 Folgen und Auswirkungen von Beschaffungsprostitution

Die Folgen von Beschaffungsprostitution sind vielfältig und lassen sich in die Kategorien physisch und psychisch unterteilen.

Auf der physischen Seite sind es vor allem die Auswirkungen des extremen, oft polytoxikomanen Drogenkonsums, welcher verheerende Auswirkungen auf den Körper und die Gesundheit hat. Auch bei bereits bestehender Abhängigkeit führt der Einstieg bzw. die Ausübung von Beschaffungsprostitution zu einem erhöhtem Konsum von Drogen.

Dieser dient den Frauen während der Arbeit dazu, den Freierkontakt zu ertragen und die gewünschten Dienstleistungen zu erbringen. Nach dem Kontakt wird der Konsum eingesetzt, um Erlebtes zu vergessen und das Geschehene zu verdrängen (vgl. Hermes, 2007) und kann als Reaktion auf die starken Belastungs- und Stresssituationen, denen sich die Frauen aussetzen, betrachtet werden.

Weiterhin existieren zahlreiche Infektionskrankheiten wie HIV, Hepatitis und Se-xual Transmitted Diseases, kurz STIs. Gerade für drogenabhängige Prostituierte in Entzugssituationen ist es schwierig, schützende Maßnahmen wie beispielsweise die vorgeschriebenen Kondombenutzung durchzusetzen, solange das primäre Be-dürfnis nach Drogenkonsum nicht befriedigt ist (vgl. ebd.)

Auf der psychischen Seite geht die Arbeit als Beschaffungsprostituierte oft mit psy-chischer und sexueller Gewalt einher, welche die Arbeitskontakte sowie die zwi-schenmenschlichen Beziehungen der Frauen prägen. Oftmals sind die Frauen, auch aufgrund dieser, posttraumatisch belastet und leiden an einer Posttraumatischen Belastungsstörung, deren Symptomen sie durch Drogenkonsum zu begegnen ver-suchen (vgl. Dekrell, 2010).

4.3 Soziale Arbeit im Feld der Beschaffungsprostitution

Im der folgenden Ausführung wird die Soziale Arbeit im Feld der Beschaffungs-prostitution zuerst von Seiten der Klientinnen und erst dann von Seiten der Sozia-len Arbeit selbst beleuchtet werden. Dies soll eine differenzierte Betrachtung, so-wie das Ausmachen von Schwierigkeiten auf beiden Seiten ermöglichen und durch die Verwendung einer Quelle aus den 1980er Jahren aus Amsterdam auch eine ge-samtgeschichtliche, internationale Perspektive ermöglichen. Schließlich folgt eine Vorstellung der Arbeit von ragazza e.V., welche zum letzten Teil, dem Fazit überlei-tet.

4.3.1 Fokus auf die Perspektive der Zielgruppe

Beschaffungsprostituierte befinden sich, wie die vorangegangen Ausführungen zeigen, in einer äußerst prekären Lebenssituation. Diese (mindestens) zweifache Prekarisierung ergibt sich aus Verstößen gegen die Souveränität des Staates, der Rechtsprechung, Ideologien und gesellschaftlichen Normen und Werte (vgl. Schra-der, 2013) und macht sie so zu einer sehr Hilfsbedürftigen, aber gleichzeitig wei-testgehend auf sich allein gestellte Gruppe. Mit Blick auf Foucault kann man hier auch die „Biomacht" oder den „Staatsrassismus" anwenden, um die gesellschaftli-che Disposition der Beschaffungsprostituierten zu erklären, sowie die „Gouverne-mentalität", die zu einem gewissen Grad der Selbststigmatisierung auf Seiten der Beschaffungsprostituierten führt und auch ihre Irrelevanz auf Seiten der Hilfesys-teme begründet.

Folgend soll anhand einer Studie, welche 1982 im Auftrag des Prostitutionsarchi-ves Mr. A de Graafstichting in Amsterdam von Maria Blom und Ton van den Berg erhoben wurde, aufgezeigt werden, welche verschiedenen, meist ablehnenden Einstellungen auf Seiten der Beschaffungsprostituierten gegenüber dem Hilfssystem der Sozialen Arbeit existieren und worauf diese Ablehnung beruht. Den Fokus der Studie stellte die allgemeine Lebenswelt der minderjährigen Heroinprostituierten im Rotlichtviertel Amsterdams dar und sie wurde auf Englisch im Publikationsband „Growing Up Good" 1989 von Maureen Cain veröffentlicht.

Die 59 für die Studie befragten jungen Frauen wurden von den Forschern aufgrund ihrer Aussagen in fünf Kategorien unterteilt: die professionelle abhängige Prostituierte, die abhängige Gelegenheitsprostituierte, die „romantische" Heroinabhängige, die „loyale" Heroinabhängige und schließlich die „erleuchtete, romantische" Heroinabhängige (vgl. Blom & van den Berg, 1982). Die Zuschreibung „romantisch" bedeutet hier einen Zugang zur Heroinszene durch eine romantische Liebesbeziehung, während die Beschreibung „loyal" auf einen Zugang durch eine gute Freundin statt eines Partners hinweist. Die Gruppe der professionellen Prostituierten wird im Folgenden ausgeklammert.

Die *abhängige Gelegenheitsprostituierte* entspricht der heutigen Definition einer Beschaffungsprostituierten: aufgrund ihrer fehlenden Identifikation mit der Prostitution ist sie nur schwer für die Prostitutionshilfe zu erreichen und sie verneint weiterhin aus Stolz ihre Abhängigkeit, was sie für das Suchthilfesystem unerreichbar macht: „going on a treatment programme involve(s) admission of addiction" (ebd., S. 68).

Sie ist selbstbestimmt und hat sich bewusst für den Gelderwerbe durch Sex entschieden, um ihre Abhängigkeit zu finanzieren. Wenn sie der Prostitution nachgeht ist sie auf Heroin angewiesen und befinden sich so in einer „spiral of ‚working and using'".

Ihre Einstellung der Droge gegenüber ist ambivalent und ein Eingestehen von Abhängigkeit undenkbar: „admitting addiction involve(s) a loss of valued independence" (vlg. Ebd.)

Die *„romantische" Heroinabhängige* ist dem Hilfssystem nicht abgeneigt, gleichzeitig jedoch nicht dazu bereit, Verpflichtungen in Form einer Therapie einzugehen. Ihre Hauptmotivation zur Beschaffung stellt die Versorgung von sich und ihrem Partner mit Heroin dar, welches oftmals die Beziehung bestimmt und als etwas positives wahrgenommen wird. Im Zuge dieses Versorgungsgedanken ist sie teilweise bereit, an Methadonprogrammen teilzunehmen, um beiden das Leben zu erleichtern und einen Methadonvorrat aufzubauen. Ihrem Partner und der Beziehung zur

Liebe, vor allem aber aus ökonomischen Druck heraus ist sie in die Prostitution gegangen und sieht ihre Tätigkeit als Option, ihren Partner von riskanteren Formen des Gelderwerbes abzuhalten und ihn an sich zu binden. „Romantische" Abhängige entwickeln sich zu semi-professionellen Sexarbeiterinnen, die aufgrund der festen Einbindung in der Szene durch ihre Beziehung nichts Falsches an ihrer Tätigkeit sehen und somit gegen Interventionsmaßnahmen durch die Prostitutionshilfe immun sind. Um es in den Worten der Studie zu formulieren:

> „Prostitution does not cause any harm to the outside world, so why is everybody so concerned?" (ebd., S. 63)

Die *"loyale" Abhängige*, welche meist durch eine ältere und erfahrenere Freundin an Heroin und in die Szene geraten ist („talked into heroin use by her girlfriend") pflegt eine stark ambivalente Einstellung gegenüber der Droge und ist dementsprechend empfänglich für Hilfsangebote von Seiten der Suchthilfe. Auch die Tätigkeit der Prostitution, der sie als Abhängige zwangläufig nachkommt, steht im Gegensatz zu ihrer Vorstellung von Liebe und Sexualität und wird als „the lowest they could possibly sink", also dem absoluten Tiefpunkt verstanden. Dementsprechend sind sie auch für ausstiegsorientiere Angebote auf Seiten der Prostitutionshilfe offen. Trotz dieser Offenheit und der tatsächlichen Nutzung von Hilfsangeboten, einschließlich der Höherschwelligen Programme, sind in der Arbeit mit diesen Frauen nur wenige Erfolge verzeichnet. Dies ist bedingt durch ein durchweg schlechtes Selbstbild, welches bei den loyalen Abhängigen stärker vertreten ist als bei jeder anderen Gruppe: „After having tried and failed several times, such a girl may feel she is a failure on all fronts; these girls feel this more than any other type of heroinprostitute." (ebd., S. 65)

Die letzte Kategorie stellt die „erleuchtete, romantische" Heroinabhängige dar.

Die Bezeichnung ,erleuchtet' basiert auf einem einerseits sehr guten Bildungshintergrund der Frauen und andererseits einer bewussten Entscheidung für das ,rebellische' Leben im Milieu. Die jungen Frauen dieser Kategorie suchten sich bewusst einen Partner mit Milieuhintergrund, der sie meist mit Heroin in Kontakt brachte. „The euphoria of love combined with the euphoria of heroin" ließ sie alsbald süchtig werden und sie versuchten alle anderen Formen der Beschaffungskriminalität, bevor sie schließlich zu Prostituierten wurden. Auch hier stellte die Prostitution, wie bei den loyalen Abhängigen, den Tiefpunkt dar, was sie empfänglich für die Prostitutionshilfe machte. Jedoch sieht sie ihren Heroinkonsum als angebracht: „As heroin users they still see valid reasons for drug use in the societal context they live in" (ebd., S. 67). Sie ist somit unempfänglich für das Suchthilfs-system und fühlt sich von Seiten der Sozialarbeiter verurteilt: „ Furthermore, they say, social workers are prejudiced and treat all junkies alike: for these girls, their individuality is at stake" (ebd., S.68)

In der Untersuchung der verschiedenen Gruppen wird deutlich, dass die meisten jungen Frauen durch ihre Partner oder durch enge Freundinnen in das Heroin- und Prostitutionsmilieu geraten sind. Weitere Gründe und Bedingungsfaktoren für den Einstieg in den Konsum fand die Studie zumeist in der Kindheit und der sozialen Herkunft der Frauen (vgl. Blom & van den Berg, 1982). Für gelingende Soziale Ar-beit mit Beschaffungsprostituierten ist es somit aus der Perspektive der Klientin-nen von enormer Wichtigkeit, diese sehr individuellen Faktoren zu beachten und ihnen entsprechend zu begegnen. Weiterhin wird auch gut deutlich, dass eine Zu-sammenarbeit der Sucht- und Prostitutionshilfe unabdingbar für eine erfolgreiche Arbeit mit Frauen in der Beschaffungsprostitution ist, da auch heute Einstieg- und Verbleibmotivationen in der Beschaffungsprostitution bei Frauen und jungen Mäd-chen höchst unterschiedlich sind und zu einer komplexen Motivlage verschwim-men.

4.3.2 Fokus auf die Perspektive der Sozialen Arbeit

Die Soziale Arbeit, welche als Menschenrechtsprofession nach Staub-Bernasconi der Arbeit mit gesellschaftlichen Randgruppen verschrieben ist, beschäftigt sich kaum spezifisch mit der Gruppe der Beschaffungsprostituierten, trotz der doppelt-prekären Situation, in der sie befindet. Dabei ist Soziale Arbeit ist die für die Be-troffenen die angenehmste, weil irgendwo unterstützende Art der staatlichen Überwachung, die nebst Institutionen wie Polizei, Justiz und Medizin versucht, die Einhaltung der gesellschaftlichen Norm auf Seiten der Beschaffungsprostituierten zu kontrollieren (vgl. Schrader, 2013).

Auf Seiten des Hilfssystems der Sozialen Arbeit wird ein großer Wert auf Solidarität und parteiliche Arbeit mit den Frauen gelegt.

Zugleich erschwert grade die Überschneidung der Bereiche Abhängigkeit und Prostitution den Zugang und die eigentliche Arbeit mit den Frauen enorm. So wen-den sich die Frauen zwar aufgrund ihres Selbstverständnisses als Abhängige bei Hilfsbedarf an die Drogenberatungsstellen auf der Szene, diese geraten jedoch durch die Beschaffungsarbeit der Frauen oftmals an ihre Grenzen. So konnten Frauen, die stark in die Beschaffungsprostitution involviert waren, nur vergleichs-weise selten in Drogenbehandlungsangebote vermittelt werden (vgl. Benkel,

2010). Nach Nuttbrock et al. stellt dabei die hohe Frequenz der Sexarbeit, der die Frauen zur Finanzierung ihres Konsums nachgehen müssen, eine wesentliche Barriere für die Inanspruchnahme von Hilfsangeboten dar.

Im Bereich der spezifischen Prostitutionsberatung zum Thema Beschaffungsprostitution bestehen, besonders in Hamburg, einige Angebote. Dennoch bewegen sich diese Vereine oft allein am Rand der Hilfesysteme, was die Position ihrer Klientinnen wiederspiegelt.

Es ist ein Arbeitsbereich, der höchst politisch ist und für wirkliche Veränderungen viel Engagement und schließlich einen Platz auf der politischen Agenda Bedarf, und das in gleich zwei, gesellschaftlich eher unbequemen Themen.

Weiterhin hat sich die Problemgruppe im Prostitutionsmilieu verändert und die Arbeit mit migrierten Frauen in der Armutsprostitution steht heute im Fokus vieler Beratungsstellen, die ursprünglich für die Arbeit mit Beschaffungsprostituierten gegründet wurden (siehe dazu Café Sperrgebiet). Die Bedeutung dieser Entwicklung wird im Fazit in der Beantwortung der Leitfrage relevant werden.

Trotz den genannten Schwierigkeiten und aktuelle Entwicklungen zum Thema Beschaffungsprostitution gibt es in Hamburg eine Beratungsstelle, welche sich nach wie vor nur diesem Thema verschreibt. Diese und ihre herausragende Arbeit sollen im Folgenden, basierend auf Informationen aus Gesprächen und einer Vereinsbroschüre aus dem Jahr 2015, vorgestellt werde.

4.3.2.1 Vorstellung ragazza e.V.

Der Verein ragazza e.V. leistet seit Ende 1991 niedrigschwellige und akzeptierende Drogenarbeit in Hamburg St. Georg und befindet sich mit seinen Räumlichkeiten in der Brennerstraße 19, direkt auf der Szene in St. Georg und somit mitten im Sperrgebiet.

In ihrer Selbstbeschreibung heißt es: „ragazza setzt dem Leben in der Drogenszene und auf dem Straßenstrich einen anderen Raum entgegen; einen Schutz und Ruheraum für die Frauen." (ragazza e.V., 2015). Ursprünglich wurde der Verein Anfang der 1990er von zwei ehemaligen Sexarbeiterinnen, Domenica und Petra, mit dem Leitgedanken, einen „ Platz für Frauen zum Entspannen" zu schaffen, gegründet. Das Angebot wurde sehr gut aufgenommen und von der Behörde für Arbeit, Gesundheit und Soziales unterstützt. Seit 2000 ist ragazza in der Brennerstraße zu finden (vgl. ebd.).

Das rein weibliche, multiprofessionelle Team setzt sich aus insgesamt 11 Frauen zusammen. Diese umfassen mehrere Sozialpädagoginnen und Krankenschwestern, eine Geschäftsführerin, eine Verwaltungsfrau, hauswirtschaftliche Mitarbeiterinnen und pädagogische Hilfskräfte. An zwei Tagen die Woche steht den Klientinnen, ähnlich wie im Café Sperrgebiet, eine Ärztin zur Verfügung, welche die Frauen, die oft keine Versicherung aber eine Vielzahl an medizinischen Problemen haben, behandelt (vgl. ebd.).

Die Zielsetzung des Vereins die Bereitstellung eines spezifischen Hilfsangebots für drogenkonsumierende Frauen, die sich in St. Georg prostituieren. Dies gilt es ständig weiterzuentwickeln und den ändernden Bedarfen anzupassen.

Eine weitere Hauptaufgabe stellt die Öffentlichkeitsarbeit dar. Es soll auf die Situation der Frauen aufmerksam gemacht und der gesellschaftlichen Ausgrenzung entgegengewirkt werden, die sie täglich erfahren (vgl. ebd.).

Die Angebote innerhalb der Räumlichkeiten umfassen einen offenen Aufenthaltsbereich, Beratungsräume in denen Beratung zu den Themen safer use, Sozialrecht, Schulden, Entgiftung und Therapie geboten wird, einen Gesundheitsraum zur basalen medizinische Versorgung der Klientinnen und für die Sprechstunde der Ärztin, sowie Notschlafplätze und einen rein weiblichen Konsumraum. Allgemein ist Männern der Zutritt zu den Räumlichkeiten von ragazza zum Schutz der Klientinnen gänzlich untersagt (vgl. ebd.).

Die Öffnungszeiten richten sich nach den Hauptarbeitszeiten der Klientinnen, welche hauptsächlich in der Nacht auf dem Strich aktiv sind.

Somit findet viermal die Woche das sogenannte „Nachtcafé" statt, welches den Frauen warme Mahlzeiten und Dusch- und Waschgelegenheiten bietet. Weiterhin erhalten die die Möglichkeit ihre Spritzen zu tauschen, ihre Wunden versorgen zu lassen oder den Konsumraum zu nutzen. Auch die Beratung und das Akupunkturangebot kann in dieser Zeit wahrgenommen werden und die Frauen bekommen die Möglichkeit, sich aufzuwärmen und sich in einem geschützten Raum auszuruhen.

Das Angebot des Nachtcafés wird zwei Mal die Woche um das „Tagescafé" ergänzt, bei dem die Frauen, zusätzlich zum breiten Angebot des Nachtcafés, auch die Option eines kostenlosen Frühstücks geboten kriegen. Weiterhin gibt es einmal die Woche ein „Beratungscafé" mit einer Case-Management Sprechstunde, welche sich auf die Einzelfallhilfe konzentriert. Die Notschlafplätze stehen den Frauen an 4

Tagen die Woche zur Verfügung und können nachts oder am Tag genutzt werden (vgl. ebd.).

Weiter Hilfsangebote erfolgen durch mobile aufsuchende Straßensozialarbeit auf der Szene, bei der die Sozialarbeiterinnen Kondom, Gleitgel und Getränke bereitstellen und vor Ort zur Beratung bereit stehen. Hilfe wird auch in Form von Begleitung zu Ämtern oder Gerichtsterminen geboten und es gibt die Besuchsoption für Frauen im Krankenhaus oder Gefängnis (vgl. ebd.).

So lässt sich die Arbeit von ragazza als sehr niedrigschwellig, akzeptierend und frauenspezifisch beschreiben. In der Öffentlichkeitsarbeit beteiligt sich der Verein in verschiedenen stadtteil- und drogenpolitischen Gremien, ist mit anderen Einrichtungen eng vernetzt und bietet Informationsgespräche für die interessierte Öffentlichkeit (vgl. ebd.).

Zum Thema der Beschaffungsprostitution gibt es, wie bereits erwähnt, kaum fachliche Lektüre. Die bestehenden (und in dieser Arbeit verwendeten) Veröffentlichungen wurden von Frauen verfasst, welche wie Kathrin Schrader bei ragazza aktiv sind, oder wie im Fall von Nicole Dekrell, es zu einem gewissen Zeitpunkt waren. Die starke Solidarisierung und Parteilichkeit mit der Zielgruppe der Beschaffungsprostituierten ist in beiden Werken deutlich erkennbar und macht die Besonderheit der Arbeit von ragazza deutlich. Diese besteht, nach Meinung der Autorin, besonders im Umgang mit den Klientinnen, denen ragazza komplett wertfrei und solidarisch begegnet.

In einer Zeit, in der Beschaffungsprostituierte nur noch eine Minderheit innerhalb der Prostitutionsszene ausmachen, bleibt ragazza der Zielgruppe treu verschrieben und leistet weiterhin aktive Öffentlichkeits- und Informationsarbeit, während andere Beratungsstellen ihren Fokus verschieben und sich auch das Interesse der breiten Öffentlichkeit anderen Themen zugewandt hat. Auch wenn ihre Anzahl insgesamt abnehmen mag, ist das Phänomen der Beschaffungsprostitution nach wie vor vorhanden und es braucht Vereine wie ragazza, um diese Frauen in ihrer komplexen Lebenswelt zu unterstützen.

5 Fazit

Im folgenden Fazit gilt es nun, die Arbeitsthese und Leitfrage dieser Arbeit zu be-
antworten. Ursprünglich bestand diese darin, die „Nicht-Thematisierung" der Beschaffungsprostitution zu beleuchten und Wege zu finden, diesem Umstand zu begegnen und die Beschaffungsprostitution zu einem besser beachteten Thema zu
machen.

Durch die intensive Untersuchung der Bereiche Prostitution und Abhängigkeit zu
Beginn dieser Arbeit wurde deutlich, dass die Beschaffungsprostitution in der Sozialen Arbeit in beiden Bereichen peripher behandelt bzw. wahrgenomen wird,
jedoch besonders im Bereich der Drogenarbeit kaum näher thematisiert ist.

Am Beispiel des Drob-Inn war zu sehen, dass überdurchschnittliche viele Klientinnen zwar der Beschaffungsprostitution zur Finanzierung ihres Konsums nachgehen, dies jedoch nicht im Fokus der interventiven Arbeit mit ihnen steht, da sie in
erster Linie als Klientinnen der Drogenhilfe behandelt werden.

Aus der Praxis der Prostitutionshilfe wurde am Beispiel des Café Sperrgebiet deutlich, dass sich die Lage in der Prostitution seit Beginn der 2000 Jahre durch die EU-
Osterweiterung massive verändert hat und heute migrierte Armutsprostituierte
die größte Zielgruppe für die Soziale Arbeit ausmachen. Dieser Umstand führte zu
einer Reorientierung vieler Beratungsstellen, die sich anfänglich der Hilfe für
Frauen in der Beschaffungsprostitution verschrieben haben und es folgte eine
Schmälerung der Hilfs- und Beratungslandschaft in diesem speziellen Bereich.

Hinsichtlich dieser Erkenntnisse kam es während des Schreibprozesses zu einem
Perspektivwechsel in Hinsicht auf den Leitgedanken der „Nicht-Thematisierung":
es ist aufgrund der abnehmenden Zahlen von Beschaffungsprostituierten durchaus
legitim, das die Beschaffungsprostitution nur einen kleinen Forschungsbereich innerhalb der Sozialen Arbeit ausmacht. Dennoch ist die Soziale Arbeit mit ihnen,
insbesondere aufgrund der sehr prekären Lebenssituation der Frauen, unbedingt
nötig und wichtig. Aus diesem Grund wurde der Verein ragazza vorgestellt, der diesen Gedanken teilt und in seiner praktischen Arbeit umsetzt.

Die historischen Exkurse, die in dieser Arbeit aufgrund des großen Interesse der
Autorin etwas umfassender ausfielen, haben gezeigt, dass sich viele Entwicklungen
in der Geschichte früher oder später wiederholen. So ist es auch nicht abwegig, von
gewissen Kausalitäten auszugehen und hinsichtlich der Opiatkrise in den USA auch
von einem Anstieg an Opiatnutzung in Deutschland auszugehen. Wie das Kapitel

zu Heroin hinreichend beleuchtet hat, hat diese Abhängigkeiten zur Folge, welchen von Frauen wiederum durch Beschaffungsprostitution begegnet werden kann.

Somit ist das Thema der Beschaffungsprostitution momentan vielleicht kaum von Relevanz, dies könnte sich in den nächsten Jahren jedoch ändern. Aus diesem Grund ist es wichtig, Arbeitskonzepte der Drogen- und Prostitutionsarbeit aufeinander abzustimmen und die Entwicklungen in beiderlei Szenen im Auge zu behalten.

Literaturverzeichnis

akzept e.V. (Hrsg.) (2017). 4. Alternativer Drogen- und Suchtbericht 2017. Pabst Science Publishers · Lengerich

Albert, M. Wege, J. (Hrsg.) (2015). Soziale Arbeit und Prostitution. Springer Fachmedien Wiesbaden

Becker-Lenz et al. (Hrsg.) (2011). Professionelles Handeln in der Sozialen Arbeit, VS Verlag für Sozialwissenschaften | Springer Fachmedien Wiesbaden GmbH

Benke, T. (2010). Das Frankfurter Bahnhofsviertel. Devianz im öffentlichen Raum. VS Verlag für Sozialwissenschaften | Springer Fachmedien Wiesbaden GmbH

Bernard, C. (2013). Frauen in Drogenszenen. Springer Fachmedien Wiesbaden

Brakhoff, J. (1989). Sucht und Prostitution. Lambertus Verlag

Dekrell, N. (2010) Prostitution und Drogen. Konsequenzen für die soziale Arbeit. Dissertation bzw. Masterarbeit, Universität Hamburg. München: GRIN Verlag.

Dona Carmen e.V. (2018). Ein Jahr Prostituiertenschutzgesetz -Die Umsetzung des Gesetzes und seine Folgen von Doña Carmen e.V., Juni 2018 abgerufen am 02.02.2019 auf https://www.donacarmen.de/wp-content/uploads/1-JAHR-UMSETZUNG-ProstSchG.pdf

Günther, B. (2015). Gut leben ist anders. Infobroschüre des Vereins ragazza e.V.

Hermes, S. (2007). Drogenkonsum als Stabilisierungsfaktor in der Beschaffungsprostitution. Unveröffentlichte Bachelorarbeit, Universität Essen. Verfügbar unter https://www.frauenundhiv.info/aktuelles/drogenkonsum-als-stabilisierungsfaktor-der-beschaffungsprostitution-auszug-einer-ba-arbe-3

Hennemann, L. (2017). Heroin [Informationsartikel]. Abgerufen am 28.01.2019 von https://www.planet-wissen.de/gesellschaft/rauschmittel/drogen/pwieheroin100.html

Jungbluth. H.-J. (2015). Drogen, Drogenkonsum und Drogenabhängigkeit. In H.W. Otto/ H.Thiersch (Hrsg.) Handbuch für Soziale Arbeit (S. 1705-1713). München: Ernst Reinhardt Verlag

Kavemann, B. und Steffan, E. (2013): 10 Jahre Prostitutionsgesetz und die Kontroverse um die Auswirkungen. In Politik und Zeitgeschichte 9/2013 (S. 1-8). Bundeszentrale für politische Bildung, Bonn

Nutt, David (2010). Drug harms in the UK: a multicriteria decision analysis Study on behalf of the Independent Scientific Committee on Drugs [wissentschaftliche Studie]. Abgerufen am 04.02.2019 auf https://www.thelancet.com/journals/lancet/article/PIIS0140-6736(10)61462-6/fulltext

Schaffranek, J. (2014). Fachliche Grundlagen von Streetwork in Drogenszenen. In H. Stöver/D. Schäffer (Hrsg.) Handbuch zugehende Sozialarbeit mit Drogen gebrauchenden Frauen und Männern 2014 (S.11-40), Deutsche AIDS-Hilfe

Schaarschmidt, T. (2018) DROGENEPIDEMIE: 5 Fakten zur Opioid-Krise in den USA [Informationsartikel] abgerufen am 01.02.2019 auf https://www.spektrum.de/wissen/5-fakten-zur-opioid-krise-in-den-usa/1544581

Schrader, K. (2013). Drogenprostitution. Eine Intersektionale Betrachtung der Handlungsfähigkeit drogengebrauchender Sexarbeiterinnen. Transcript Verlag Bielefeld

Schrader, K. (2012). Intersektionale Perspektiven in der Sozialen Arbeit: ein produktiver Forschungsansatz in der Arbeit mit Drogengebrauchenden Sexarbeiterinnen. Widersprüche: Zeitschrift für sozialistische Politik im Bildungs-, Gesundheits- und Sozialbereich, 32(126), 53-69.

Schmitter, R.(2004). Prostitution – Das älteste Gewerbe der Welt? Fragen der Gegenwart an die Geschichte, 2. Auflage, Schardt Verlag,

Sting, S. (2015). Sucht und Rausch. In H.W. Otto/ H.Thiersch (Hrsg.) Handbuch für Soziale Arbeit (S. 1705-1713). München: Ernst Reinhardt Verlag

Zurhold, H. (2005). Entwicklungsverläufe von Mädchen und jungen Frauen in der Drogenprostitution, Eine explorative Studie, 2005, VWB-Verlag,

Zurhold, H (1998). Kriminalität und Kriminalisierung drogengebrauchender Frauen:

Kritische Analyse der justitiellen Sanktionspraxis und Möglichkeiten der Depönalisierung. Institut zur Förderung qualitativer Drogenforschung

Sonstige Quellen

arte (2015).Von Opium Zu Heroin [Dokumentation]. Abgerufen am 26.01.2019
von https://www.youtube.com/watch?v=tO3XQHenmx4

Laste, S. und Karitzky, J. (2018) Drogen - Eine Weltgeschichte [Dokumentation].
Abgerufen am 22.01.2019 von https://www.zdf.de/dokumentation/terra-
x/drogen-eine-weltgeschichte-mit-harald-lesch-teil-eins-100.html

Anhang

Sperrgebiet Interview Transkription

Interviewpartner: Sozialarbeiterin

Interviewende: LG, LE, HK

Datum: 18.05.2017, 15:00

LG: Erzähl uns doch etwas über das Sperrgebiet. Ursprünglich wart ihr ja am Hansaplatz untergebracht, soweit ich mich erinnere?

SP: Das Sperrgebiet St. Georg gibt es schon seit über 30 Jahren so hier in Hamburg und St. Georg und ist ursprünglich entstanden für junge Frauen die der Beschaffungsprostitution nachgehen. Die Szene hat sich in den letzten Jahren hier verändert, es gibt gar nicht mehr so viele, so junge Frauen die harte, illegale Drogen nehmen. Und weiter wurden wir über die Jahre hin gekürzt und modernisiert und deswegen sind wir jetzt hier und nicht mehr am Hansaplatz. Wir sidn aber froh das wir hier die Räumlichkeiten haben und trotzdem relativ nah an der Szene sind. Wir arbeiten nicht mehr mit Beschaffungsprostitution, also, unsere Klientel sind keine Konsumentinnen, anders wie im Ragazza. Hier ist Sucht nicht das erste Kriterium worum es geht. Wenn natürlich trotzdem eine Frau konsumiert dann tut sie das aber das ist hier nicht unser Thema, wir sind keine Suchtberatungsstelle so. Wir arbeiten hier zu 80% fast mit ost-europäischen Frauen zusammen, die sind auch überwiegend hier in der Szene in St. Georg und demnach haben sie die Bedarfe der Frauen auch einfach geändert. Sucht ist jetzt halt einfach so nicht mehr so das Thema. Wir haben hier viermal die Woche offene Sprechzeiten, man bracht hier keine Termin, die Frauen können einfach kommen wie sie wollen und wie es passt. Wir machen Straßensozialarbeit zwei bis drei Mal die Woche und ein großer Aufgabenbereich von uns ist auch das wir die Frauen begleiten. Zu Behörden, ihnen Zugang zu medizinischer Versorgung zu beschaffen, Hilfsangebote rauszusuchen, wo man sich ohne Krankenversicherung untersuchen lassen kann. Grade Frauen in der Sexarbeit haben ja auch einen hohen medizinischen Bedarf, das muss halt abgedeckt sein und da ist es wichtig das wir die Frauen dahin dann auch begleiten weil sie den Weg meistens alleine nicht schaffen. Vor allem, weil sie sich auch räumlich in Hamburg auch wirklich nicht orientiert sind. Das sind somit die drei größten Aufgabenfelder die wir so haben. Dann haben wir als zusätzliches Angebot einmal die Woche eine juristische Beratung und wir haben auch hier eine hausärztliche Sprechstunde, zwei Mal die Woche. Also wir haben eine Ärztin, die war früher fest bei uns im Team, jetzt ist sie nur noch auf Honorarbasis da, und die kommt halt auch zwei Mal die Woche. Das sind so mit die Angebote, die die Frauen auch nutzen. Auch ohne Krankenversicherung, ohne alles. Wir bezahlen dann auch notwendige Medikamente oder Verhütung auch zum Beispiel. Genau, das ist so im Rahmen erstmal das was wir so anbieten. Wir arbeiten nur für Frauen bis 30, weil wir hier versuchen, auch einen Schutzraum für ganz junge Frauen zu schaffen.

HK: Wir alt sind die Frauen etwa? Gibt's da irgendwie eine Alterspanne?

SG: Ja genau, also Anfang, Mitte Zwanzig ist so der generelle Altersdurchschnitt. Also ab und zu auch mal 18,19, das aber eher relativ selten.

HK: Minderjährige sind gar nicht dabei dann?

SG: Genau, also hier in der Einrichtung jetzt nicht. Wir hören immer mal wieder davon, so, aber dadurch, dass es einfach auch eine Straftat ist, findet sowas dann auch isoliert statt. Also, es kommen immer mal wieder Anfragen von z.B. Jugendhilfeträgern, wo in der Wohngruppe ein Mädchen ist, die 16 ist und wo sie das Gefühl haben, da könnte halt irgendwie was sein. Das haben wir, aber auch eher selten. Also, das wir so junge Frauen hier kennenlernen haben wir auch, aber eher selten. Obwohl ich nicht sagen möchte, dass es das nicht gibt. Aber ich glaube, das findet einfach sehr, sehr versteckt statt.

LE: Und wie ist das mit eurer Definition; es wird ja viel von Sexarbeit und Prostitution geredet [...] Definiert ihr es als Sexarbeit oder Prostitution bzw. was wäre da für euch der Unterschied?

SG: Hmm...also eigentlich wird es ja fast ein Synonym benutzt so. Für mich ist dann doch eher Sexarbeit eine doch sehr professionalisierte Frau und würde dann doch eher hier eher von Armutsprostitution sprechen. Würde es aber trotzdem nicht aberkennen, dass es Arbeit ist. Aber ich würde sagen, Sexarbeiterinnen trifft irgendwie auf unsere Zielgruppe nicht zu. Sind sie, ja, sie würde sich aber selber glaube ich gar nicht so Bennen. Aber an sich kann man das Synonym benutzen, und an sich finde ich auch, ist Sexarbeit der korrektere Ausdruck, weil es halt nun mal wirklich auch Arbeit ist. Ich finde, es passt aber nicht immer vom Gefühl her.

HK: Damit sind viele Fragen auch schon ziemlich abgedeckt. (lachen) In wie fern wird denn von Gewalt berichtet die die Frauen erleben?

SG: Immer mal wieder, Eigentlich sogar relativ oft. Gewalt vom Freier, aber auch Gewalt vom Freund, auch Gewalt untereinander. Gewalt ist eigentlich immer auch ein Thema. Also es ist jetzt nicht so, dass die Frauen wirklich schwer verletzt sind, ich glaube das wird Ragazza auch nochmal was Anderes sagen. Also die Frauen, die der Beschaffungsprostitution nachgehen, sind prinzipiell immer nochmal mehr Opfer von Gewalt aber auch wir haben damit immer mal wieder zu tun. Ich würde sagen, das psychische Gewalt hier auch immer mal wieder ein Thema ist.

LG: Du meintest jetzt grade von Freund oder Freier; wie würdest du sagen ist das hier? Sind da viele mit Zuhälter dabei oder arbeiten die Frauen eher Selbstbestimmt?

SG: Ich würde hier in St. Georg nicht von so klassischer Zuhälterei sprechen. Es gibt Frauen, die selbstbestimmt arbeiten, oftmals ist irgendjemand da aber doch im Hintergrund. Aber das ist jetzt nicht so eine klassische Zuhälterei. Oftmals ist es dann doch der Partner oder der Freund und die Frauen sagen das auch so „mein Mann, mein Freund" oder auch irgendwie so ein Cousin. Das sind dann manchmal so Familienclans oder so, wo wir das auch manchmal nicht so ganz durchblicken. Aber prinzipiell... ja es gibt hier beides in St. Georg tatsächlich. Aber es nicht so diese klassische Zuhälterei, dass man mit unglaublich teuren Geschenken gelockt wird oder überredet wird. Ich glaube halt das die Frauen jemanden brauchen, um die Reise hierher zu machen. Das sind dann, glaube ich, mehr so, die, die das auch hier organisieren.

LE: Und wie ist das; St. Georg ist ja glaube ich komplett Sperrgebiet, also prostituieren sich die meisten hier auch illegal?

SG: Man kann sich hier nicht legal prostituieren.

LE: Gibt es dann einen bestimmten Ort, wo es hauptsächlich stattfindet?

SG: Hier in St. Georg? Steindamm, Hansaplatz, Bremer Reihe, Ellenreihstraße, Robert-Niel-Straße (?), Brennerstraße... also das sind so diese vier, fünf Straßen, wo das so stattfindet.

LE: Und wie ist das da mit der Kriminalisierung?

SG: Die Frauen sind sehr kriminalisiert! Also, hier läuft ja auch tagtäglich die Polizei auf Streife, die Polizeiwache ist direkt hier. Die Frauen bekommen regelmäßig Bußgelder, dafür das sie im Sperrgebiet anschaffen, und sind so den ganzen Tag auch viel in Bewegung. Also es ist jetzt nicht so, dass die Frauen immer an einem Fleck stehen und warten. Also, das machen sie auch aber überwiegend sind sie den ganzen Tag am Spazieren und in Bewegung damit sie nicht erwischt werden von der Polizei. Sie sind extrem kriminalisiert, ja.

LE: Wie hoch liegen die Bußgelder?

SG: das ist unterschiedlich. ganz genau weiß ich das jetzt gar nicht. Kommt auch immer drauf an, wie viele Bußgelder die Frau dann immer schon hat, das staffelt sich dann auch. Das kann von 200 bis 500 Euro auch gehen.

HK: Und wo Leben diese Frauen? Sind das Frauen, die einen festen Wohnsitz haben?

SG: Nein, die haben alle keinen festen Wohnsitz, die sind alle obdachlos. Sie wohnen in den Stundenhotels in denen sie auch arbeiten oder man kennt jemanden und hat da ein Zimmer angemietet, das haben wir auch viel. Aber sie verfügen zu 90% nicht über eine Meldeadresse. Was halt grade auch den Umstieg in einen anderen Beruf oder so unglaublich schwierig macht.

LG: Im meine bei meinem ersten Besuch bei euch am Hansaplatz damals noch Schlafmöglichkeiten gesehen zu haben, gibt's die jetzt nicht mehr?

SG: Ja, genau, damals hatten wir noch ein paar Betten. Das wurde uns aber jetzt auch alles gestrichen, alles weggekürzt.

LG: Oha, das war doch ein richtig großes Angebot mit Duschen und sowas!

SG: Duschen haben wir jetzt auch noch, wir sind auch immer noch sehr sehr niedrigschwellig, aber wir haben nicht mehr wirklich diese Überlebenshilfe, wie das vor ein paar Jahren noch war. Also, wir haben eine Dusche, man kann Wäsche waschen bei uns, wir haben hier auch immer was zu essen. Das haben wir schon noch aber schlafen kann man hier leider nicht mehr.

LE: Wie ist das mit Notunterkünften; können die Frauen die Nutzen oder wie ist da ihr Status?

SG: Nee, die können sie nicht nutzen. In Hamburg ist es so: ich weiß nicht, ob ihr euch schon in der Wohnungslosenhilfe ein bisschen orientiert habt? Es gibt ja die öffentlich-rechtliche Unterbringung in Hamburg. Nur dafür muss man entweder in Hamburg arbeiten und das aber nur bis zu einem gewissen Geldbetrag, der das nicht übersteigt. Oder so halt im Sozialhilfe-Bezug sein, sprich Grundsicherung, Hartz-4, aber auch nur in Hamburg! Also nehmen wir mal an, ich bekomme jetzt in Berlin Grundsicherung, dürfte mich hier die

Wohnungslosenhilfe nicht aufnehmen. Das heißt also, die Frauen, mit denen wir hier arbeiten, sind kategorisch von allen Hilfsangeboten ausgeschlossen, die die Stadt Hamburg zur Verfügung stellt.

HK: Wir hatten uns noch gefragt, welche Drogen die Frauen hauptsächlich konsumieren, aber das ist ja eher nicht so euer Thema...

SG: Ja, das ist nicht ganz so unser Thema. Also natürlich, Alkohol ist immer ein Thema, Kiffen ist ein Thema. Ich würde auch sagen, das ab und an irgendwas mal hin und wieder konsumiert wird, aber generell guckt man da hier nicht so drauf.

LG: Früher hattet ihr ja auch Spritzen und sowas da.

SG: Ja genau, der Spritzentausch. Da war es auch mehr noch eine Suchthilfeeinrichtung ganz klar. Und jetzt sind wir einfach die Fachberatungsstelle Prostitution. Und Prostitution hängt nicht automatisch mit dem Gebrauch von illegalen Drogen zusammen... aber sonst konsumieren die Frauen Heroin, Crack und Crystal.

LG: Du erwähntest eben ja auch Ehemänner bzw. Freunde. Wie sieht das hier mit Freiwilligkeit aus? Besonders vor dem Hintergrund, dass ihr euch ja hauptsächlich mit Frauen aus dem Osten arbeitet?

SG: Also ich glaube, dass das ganz unterschiedlich ist. Also diese Frauen kommen hier her und sie wissen auch, was sie hier tun. Man muss hier auch nochmal ganz klar die Grenze zum Menschenhandel ziehen. Also es ist jetzt nicht so, dass sie z.B. aus Bulgarien mit irgendwelchen Versprechungen hierher gelockt werden und dann Pass weg oder diese ganzen Sachen die man auch kennt. Freiwilligkeit ist so eine Sache hier. Sie kommen hier her, um Geld zu verdienen und das ist für sie einfach. Das hört sich jetzt schwierig an, bitte nicht falsch verstehen. Aber damit finanzieren sie sich ja einfach, das ist ihr Lebensunterhalt so. und da ist es dann auch einfach irgendein Job den man halt macht. Es geht glaube ich den meisten Mal gut und mal schlecht damit. Viele sagen, dass sie den Job jetzt hier ein paar Jahre machen wollen, hier viel Geld machen wollen aber auch dann auch wieder zurückgehen wollen. Also das Ziel hier auch wirklich für immer in Deutschland jetzt zu bleiben haben manche, manche aber auch nicht. Oftmals sind die Frauen auch nur ein paar Monate hier und dann sind sie ein paar Monate irgendwie zuhause und versuchen sich zuhause eine Existenz aufzubauen mit dem Geld, was sie hier verdienen. Einige wollen gerne hier bleiben, die Motive sind ganz unterschiedlich. Aber überwiegend geht es darum, sich ein besseres Leben zu verschaffen. Also das meiste Geld, was die Frauen verdienen, geht nach-hause. Alle Frauen habe eigentlich schon Kinder im Heimatland und Schul-bildung, Krankenhausaufenthalte, Miete... sie finanzieren eigentlich mit dem Geld, was sie hier verdienen, ihre Familie zuhause. Obwohl die Familien oft-mals nicht wissen, was sie hier tun. Sie denken, dass sie hier arbeiten, also ein Putz Job oder so.

LE: Gibt es da eigentlich auch Ausstiegsmöglichkeiten? Also wenn sie denn Job dann tatsächlich längerfristig nicht mehr machen wollen und trotzdem blei-ben wollen?

SG: Das wollen viele auch gerne. Das Problem ist, sie haben einfach keine Mel-deadresse. Und da fängt das schon an. Ohne Meldeadresse bekommst du keine Arbeit und ohne Arbeit bekommst du keine Wohnung. Und das ist halt mit das Hauptproblem, was wir haben. Und zusätzlich ist es halt auch noch so, dass die Frauen ähm... also sobald man in Deutschland ist, länger als drei Monate, also mit der EU-Freizügigkeit können sie sie hier ja auch aufhalten, ist ja auch alles okay, ist man verpflichtet, sich in Deutschland kranken zu versichern. Und oftmals ist es dann so, wenn die Frauen schon einige Jahre hier sind und sich dann anmelden, aber klar ist, dass sie schon länger in Deutschland sind, würden sie sich mit der Anmeldung hoch verschulden, weil sie die Krankenkassenbeiträge von den ganzen Jahren zurück zahlen müssten. Das hemmt natürlich auch.

HK: Und es gibt nirgendwo eine Soziale Einrichtung in der die Frauen eine Mel-deadresse bekommen könnten?

SG: Das gibt es generell nicht.

HK: Es gibt ja für Obdachlose etwas in die Richtung...

SG: Genau, aber das sind dann alles nur Postadressen. Also das haben wir hier auch. Die Frauen können ihre Post hierher senden lassen, aber sie können sich nicht anmelden. Das ist in der Wohnungslosenhilfe das gleiche, das sind nur Postadressen, keine Meldeadresse. Weil man halt auch als Einrichtung nicht dafür garantieren kann, dass jemand sich hier auch immer aufhält. Wir arbeiten halt auch komplett anonym, das würde natürlich auch die Anony-mität ein bisschen aushebeln. Deswegen geht's halt auch nicht. Ist eine ziem-lich blöde Situation.

HK: Und die Frauen halten sich dann hauptsächlich draußen auf? Also ist das dann deren Lebenswelt?

SG: Genau, also genau diese Straßen hier sind der „Lebensraum" dieser Frauen. Und wir.

LE: Was mich jetzt noch interessieren würde: das hier ist zwar schon in gutes Angebot, aber hinsichtlich dessen, dass sie ja auch sonst allen anderen Systemen rausfallen gibt es für diese Frauen ja nicht sonderlich viel, oder?

SG: Also es gibt verschiedene Beratungsstellen, die sich mit Zuwanderung aus Osteuropa beschäftigen, die auch alle ganz super Arbeit machen. Es gibt auch immer mal die Möglichkeit, dass sie eine Wohnung oder ein Zimmer finden, nur mit einer Meldeadresse und dann kann man auch etwas anfangen. Was mir ganz wichtig ist: die Frauen sind hier trotz allem keine Opfer. Also das finde ich nochmal ganz wichtig grade zu sagen. Sie haben sich trotzdem bewusst dafür entschieden, was sie tun, sie hätten das auch bleiben lassen können. Sie versuchen halt, ein Stück weit ihr Leben besser zu machen oder das ihrer Kinder. Und sind dabei halt auch super fleißig. Sie sind halt ausgeschlossen aus vielen Hilfesystemen, was aber nicht heißt, dass man nicht doch mal irgendwann einen Fuß darein kriegt. Man muss halt immer so ein bisschen aufpassen. Es wirkt halt schon sehr ausweglos aber an sich... manchmal gibt es dann doch noch eine Möglichkeit, irgendwo eine Meldeadresse zu kriegen.

LG: Hinsichtlich dessen finde ich es dann aber doch erschreckend, dass es hier so massive Kürzungen gab. Gab es da irgendeinen zentralen Grund für?

SG: Gentrifizierung. Also das ist ein ganz hoher Anteil. St. Georg verändert sich, St. Georg soll sich auch weiter verändern, da ist für die Frauen kein Platz. Also das ist mit eins der Hauptargumente warum wir uns auch so verändern mussten. Weil es einfach von der Stadt kein Geld mehr gibt.

HK: Was ich noch wissen wollte: wie viele Frauen kommen pro Tag so ungefähr her?

SG: Das ist ganz unterschiedlich. Für viele Osteuropäerinnen ist der Weg dann tatsächlich zu weit, wir erreichen viele Frauen auch wirklich nur über die Straße, wo wir ja auch regelmäßig draußen sind. Das schwankt so zwischen zwei oder drei bis zehn, fünfzehn Frauen.

LG: Und wie läuft das dann, geht ihr einfach auf sie zu und sprecht dann mit ihnen?

SG: Also wenn wir draußen sind ist es so... also man kennt sich, die Frauen sprechen uns auch an oder wenn wir die Frau kennen sprechen wir sie auch an. Also wir gucken immer, wir wollen die Frauen ja auch nicht überfrachten, und wir wollen ja auch nicht bei der Arbeit oder so stören. Wenn eine Frau nicht mit uns reden will geht sie auch einfach an uns vorbei und dann sagen wir auch nicht ‚hey stopp, bleib stehen'. Man muss dann halt schon irgendwie so ein bisschen gucken, manchmal haben sie einfach keine Lust oder brauchen auch nichts.

HK: Sprechen die Frauen deutsch oder wie kommuniziert ihr?

SG: Wir kommunizieren manchmal ein bisschen mit Händen und Füßen tatsächlich. Wir haben aber auch eine rumänisch sprechende Kollegin, eine bulgarisch sprechende Kollegin und auch noch eine bulgarische Sprachmittlerin. Also Sprachkompetenz ist in dem Arbeitsfeld unabdingbar, ohne wird's unglaublich schwierig. Aber ein ganz bisschen Deutsch können die meisten Frauen auch. Und eigentlich klappt das ganz gut. Das ist manchmal ein bisschen holperig, aber eigentlich geht das schon. Grad, wenn wir auf der Straße sind, ne große, lange Beratung kann man auf der Straße eh nicht machen, das ist ja kein geschützter Raum in dem Sinne. Auf der Straße verteilen wir Kondome, Gleitgel und ein bisschen was zu essen und zu trinken, das kann man auch ohne Sprache irgendwie klären und wenn sich dann wirklich intensiver, weiterer Beratungsbedarf ergibt, würden wir halt auch gucken das wir noch eine Sprachmittlerin hinzu ziehen.

HK: Welche Angebote nehmen die Frauen denn primär wahr, wenn sie hierher kommen?

SG: Oftmals den einfachen Zugang zu medizinischer Versorgung und auch die juristische Beratung, weil sie oft Stress mit der Polizei haben. Und einfach auch das hier zu sein und eine Pause vom Alltag zu haben. Unsere Kleiderkammer, wo sie jederzeit ran können, die Frauen können hier ins Internet und einfach hier so ein bisschen Zeit verbringen.

LE: Wie sieht das mit den gesundheitlichen Risiken aus? Gibt es da irgendwelche speziellen Problemlagen?

SG: Was wir oft haben, sind so Blasenentzündungen, verschiedene Geschlechts-
krankheiten, Chlamydien oder so... das sind so mit die häufigsten Sachen.
Sexuell übertragbare Krankheiten sind auch immer wieder Thema.

LG: Wie sieht das mit Aids aus?

SG: Ist jetzt bei unserer Zielgruppe ein bisschen weniger, das wird aber im rag-
gazza, gerade auch durch intravenösen Konsum nochmal anders sein. Wir
haben glaube ich aktuell zwei oder drei Klientinnen, die HIV-positiv sind.

LE: Wie sieht das mit Burn-Out aus, oder anderen Überlastungssymptomen?

SG: Also oftmals sind die Frauen auch mal kaputt oder traurig oder so, aber sie
machen dann halt auch einfach weiter. Ich glaube Burn-Out und so was ist
glaube ich auch eine Krankheit, die in Osteuropa auch nicht so als Krankheit
anerkannt wird. Die meisten psychischen Erkrankungen sind für diese
Frauen auch keine Krankheit. Krankheit ist, wenn mir irgendwie was weh tut
oder so aber grade dieses psychische nehmen die Frauen auch gar nicht so
wahr bei sich. Da sind auch viele kulturelle Unterschiede. Für die deutschen
Frauen ist es selbstverständlich, dass es ein Hilfsangebot gibt und die sind
hier auch mit einer ganz anderen Selbstverständlichkeit. Die osteuropäischen Frauen sind hier ganz vorsichtig und sind erstmal so ganz still und es
dauert ganz, ganz lange, bis man da wirklich auch eine vertrauensvolle Beziehung aufgebaut hat, weil sie das meistens auch einfach nicht so kennen,
dass es das gibt. Und sagen auch ‚Pff, das brauch ich alles gar nicht'.

HK: Habt ihr auch Klientinnen aus Deutschland?

SG: Ja, die haben wir auch. Es sind aber mehr Frauen aus Osteuropa.